取調べ可視化 ―密室への挑戦

―イギリスの取調べ録音・録画に学ぶ―

渡辺　修　山田直子
［監修］
小坂井久　秋田真志
［編著］

成文堂

はしがき

1　2002年7月，監修者2名と6名の弁護士がイギリスを訪問した。すでにイギリス刑事司法手続に定着している「被疑者取調べのテープ録音手続」に関する調査取材のためである。本書は，その折りの取材成果をまとめたものである。

そのほぼ1年後である2003年9月，本書を監修した渡辺と山田は，ロンドンのトラファルガー広場近くにあるチャリングクロス警察署を訪問した。ここには，ビデオ録画装置のある取調室が設けられている。装置には2台のテープ用デッキとさらに2台のビデオ用デッキがついている。同時に4本のテープで取調べを音声および画像で記録するものである（写真参照）。

取調べのビデオ録画は，これを認める実務規程Fが施行された2002年5月から徐々に始まっている。ロンドン警視庁管内でも，ブラムリー（Bromley），コリンデイル（Colindale），エドモントン（Edmonton）などの警察署から実施された。

ビデオ録画の対象となる取調べや手続などは録音の場合と変わりがない。実際には，殺人など重大な犯罪の取調べの場合に利用するという。今後は，かかる実務が広がるものと思われる。イギリスの可視化は，2002年当時から更に一歩前進していた。

2　わが国では，司法改革の実現が目前に迫っている。刑事手続の分野でも，被疑者段階の公選弁護人制度と裁判員制度の実現など大きな変革が予定されている。しかし，わが国刑事裁判の最大の病理とされている「密室の取調べ室で，長期間，長時間にわたり，反復継続される取調べが生む虚偽自白」を生まないための改善は，立法による改革の俎上から外された。

これでは，「えん罪」の構図を変えられない。しかも，立法による司法改革の「型」が定まった後，ふたたび取調べに限って改善策を構ずることはむずかしい。改革の進行中に，取調べ改革も実現させなければならない。

その第一歩は，被疑者取調べの録音・録画手続の導入だ。これは，日本でも折りにふれて提案され論じられてきた。しかし，警察・検察はこれを拒み，裁判実務も沈黙を守ってきた。

ところが，イギリスでは，1984年の警察及び刑事証拠法（PACE）によって被疑者取調べの録音手続を導入した。1986年の運用開始以来すでに18年近くになる。しかも，おおまかに言えば，被疑者の自白率がそのために減少することはなかった。反面で，公判で取調べの当・不当や被疑者供述の有無・内容自体が争われることはほぼなくなった。被疑者取調べの録音手続の導入は，刑事裁判の真実解明の機能を麻痺させず，司法を機能不全に陥らせもしなかった。むしろ，捜査の適正化と裁判の迅速化，捜査段階の弁護活動の充実をもたらしたのである。

イギリスのこの現状は，わが国における司法改革を検討する際に忘れてはならない。

3　大阪弁護士会・刑事弁護委員会は，従前から「取調べ可視化」の実践を方針に掲げている。その有志が2001年秋頃から，司法改革がこのテーマを放置している事態を憂慮し，イギリスに調査団を送り，その状況を日本に持ち帰ることを企画した。2002年になって右企画は刑事弁護委員会の正式の事業として承認を受けた。

調査の柱は，「被疑者取調べをテープ録音する手続の実際を知り，さらにその問題点も調べること」である。それには，まずイギリス刑事手続を知ることが不可欠だ。これを担う調査団は，大阪と京都の弁護士，秋田真志，後藤貞人，小坂井久，小橋るり，南郷誠治，大杉光子の各氏と，現在一橋大学大学院法学研究科特別研修生で通訳を担当した山田直子氏と筆者，以上合計8

名で構成した。以下，スケジュールを振り返る。

9月6日，関西空港を出発し，調査旅行がはじまった。ロンドン入りは日付変更線の関係で同日夜になる。そして，翌7日から調査活動がはじまった。5日間。これが，ふたつのテーマをこなすために，イギリス調査団が取材に使える期間であった。7日は，イギリスでの取材旅行に慣れる意味で国会議事堂などロンドン散策。そして夕方，最初の取材先ブリストル市へ向かう。電車で1時間半の旅。

8日。午前中，西イングランド大学エド・ケープ教授からガイダンスを受ける。午後，ブリストル市所在のエイボン・アンド・サマーセット警察本部所属の方面本部を訪れて，取調べのテープ録音について取材。下町にある，事件の多い警察署も訪問し，実際の取調べ室と監房など見学。

9日。午前中に第二の取材先であるバーミンガム市へ移動。午後，バーミンガム大学のジョン・ボールドウィン教授を訪問。夕方まで被疑者取調べの録音，録画に関する教授の調査についてレクチャーを受けた。実際の被疑者取調べの録画ビデオの映写も含めて，取調べ可視化の歴史と展望を学んだ。

10日。午前中。治安判事裁判所の傍聴の一方，グループを分けて公設弁護人事務所を取材。午後，イギリスの新しい刑事手続の改革として設置された刑事事件再審委員会本部を訪問。リー教授はじめスタッフ3名を交えてレクチャーと質疑。捜査弁護の側面と刑事再審の側面から，取調べのテープ録音の浸透の度合い，その効果，意義を学ぶ。夕方，ロンドンへ戻る。

11日。午前中。日本の東京地裁にあたる「オールド・ベイリー」(中央刑事裁判所)で事件傍聴。午後。バリスター事務所を訪問。バリスターは，捜査弁護の後，法廷弁護を引き継ぐ弁護士である。彼から，法廷活動からみた取調べ可視化の意味を学ぶ。

12日。オックスフォード市所在のセイント・アデレード警察署訪問。午前から午後にかけて，被疑者取調べの実際，テープ録音の模様，人物識別官による人物識別ビデオ作成手続，人物識別手続の実際などひろい意味での捜査の「可視化」の実情を克明に学ぶ。

同日，夕方。ロンドンに戻る。ソリシターとして活躍するロジャー・イード氏と夕食を囲む。同氏が料理を口に運ぶ間もなく，次々と質問を浴びせて，それまで取材してきた被疑者取調べにまつわる疑義を解明していく。

13日。ロンドン出発。帰国。

多忙を極めた取材で本書に収めた豊富な調査ができた。しかも，合間にはイギリス観光も楽しんだ―大英博物館，自然史博物館，コベントガーデン，ミュージカル，ハード・ロック・パブ，封切りしたばかりの「スター・ウォーズ」などなど。フィッシュ・アンド・チップスはうまいか・まずいか論争も起きた。ロンドン，ブリストル，バーミンガムそしてオックスフォードとイギリス四都を巡る刑事司法の旅で我々が得たものは大きい。

4　「比較法」研究の方法は大きく変化している。明治・大正期は法制度を輸入したドイツ，フランス法の研究が日本法自体の解釈になった。戦後も「法継受」を正当性の基礎にした比較法研究が主流を占めた。アメリカ法研究の興隆もこれによる。研究手法は，個人の「文献解読」が主であった。そして，それは大学所属の研究者の独壇場でもあった。

今は，グローバル時代の司法の水準が問われている。また，「理論と制度」の比較に加えて「実務と運用」の比較も必要とする。研究方法も，「文献解読」から理論と制度の活きた姿を学ぶ「取材調査」を加味したものとなっている。相手国のダイナミズムを把握し，日本における法解釈・法制度のありかたを考えなければならない。その作業は，理論に詳しい研究者の分析力と，現場に敏感な実務家の観察力による共同作業を要する。今回の調査も，そうした新しいトレンドにならったものである。

21世紀のわが国刑事司法の「かたち」がここ数年で決まろうとしている。「被疑者取調べの可視化」は，適正な手続を実現し被疑者・被告人の防御権を保障する試金石だ。本書が，その実現の一助となれば誠に幸いである。

出版を引き受けて頂いた成文堂社長阿部耕一氏に篤く御礼申し上げる。また，編集部相馬隆夫氏には手間・暇のかかる編集作業におつきあい頂いた。感謝したい。

2003年10月22日　　執筆者を代表して

渡　辺　　　修

目　　次

◆トピックス◆

＜執筆者紹介＞

○監修者

渡辺　修　甲南大学法学部教授，法学博士

山田直子　一橋大学大学院法学研究科特別研修生，法学博士

○編著者

秋田真志　弁護士（大阪弁護士会，司法修習 41 期）

小坂井久　弁護士（大阪弁護士会，司法修習 33 期）

○共同執筆者

大杉光子　弁護士（京都弁護士会，司法修習 52 期）

後藤貞人　弁護士（大阪弁護士会，司法修習 27 期）

小橋るり　弁護士（大阪弁護士会，司法修習 51 期）
大阪弁護士会弁護士研修委員会副委員長

南郷誠治　弁護士（大阪弁護士会，司法修習 52 期）

序章　司法改革と被疑者取調べの可視化

——イギリス調査の目的

小坂井　久・秋田真志

テムズ川と国会議事堂

1　はじめに——わが国の刑事司法の元凶・密室取調べ——

わが国の取調べは，完全な密室で行われる。

その場に居合わせるのは，被疑者と取調官だけである。そこには，被疑者の権利を擁護すべき弁護人の立会いはない。被疑者と取調官のやりとりは，録画されることはもとより，録音されることもない。記録として残されるのは，ほとんどの場合，取調官によって作成された調書だけである。この調書は，取調官が作文しているにもかかわらず，被疑者があたかも述べたかのような一人称の独白スタイルを取っている。被疑者が，いかに供述をためらい抵抗していようとも，その様子は，独白に隠され，被疑者の真の供述態度をうかがい知ることはできない。そもそも，その調書の記載内容が，被疑者の真の言葉にもとづくものなのか，それとも取調官による歪曲・補充の産物なのかも全くわからない。取調べの状況は，事後的にさえ客観的に検証し得ないのである。

しかし，そのような調書でも，取調官によって物語としてまとめられたものであるが故に，必然的によどみなく理路整然としている。一見，それなりにもっともらしく，信用されやすい代物なのである。現に多くの裁判官は，自白の任意性・信用性を必死に争う被告人・弁護人らの訴えにもかかわらず，そのような調書を被告人に有罪を言い渡す最重要の証拠としてきた。その結果が，死刑囚に対する戦後4件の再審無罪事件をはじめとする多くの冤罪・誤判事件であることは，公知の事実である。その意味で，わが国の刑事裁判をゆがめてきた最大の元凶は，このような密室で作成された調書に依存してきた，いわゆる調書裁判にあると言って過言ではない。

考えてみれば，おかしな話である。検証できない密室でどのような取調べがなされたかについて，後から不毛な議論を繰り返すくらいであれば，その取調べを検証できるようにすればよいだけのことである。そのような密室取調べが，冤罪の最大原因であると批判されているのであるから，批判に耐えうるように，取調べの現実を明らかにすればよいのである。幸い技術の進歩の結果，録音だけでなく，録画でさえも，そのコストは極めて低廉なものとなり，もはやこの点は何らの障害ともならなくなった。現に，イギリス(イングランド及びウエールズ)は，「1984年警察及び刑事証拠法」(Police and Criminal Act 1984. 以下，PACE)の下に定められた実務規程において，警察に対し，原則として，取調べ全過程の録音を義務づけた。

この意味で，1999年にスタートした司法改革制度審議会(以下，審議会という)の議論において，取調べの可視化が一論点として取り上げられたことは，遅きに失したとはいえ，わが国における冤罪・誤判事件に対する反省からすれば，当然のことというべきであった。私たちは，議論によって，必然的に抜本的な取調べの改革，すなわち録画・録音の可視化実現の道が拓かれるものと期待したのである。

2　期待はずれの司法制度改革審議会意見書

しかし,取調べの可視化に対する捜査機関側の抵抗は,ことのほか大きかった。

審議会で，取調べの可視化について意見を求められた法務省担当者（検察官）は，「被疑者が重大な事実を自白する瞬間，立会事務官を外してくれと頼まれたり，弁護人には内緒にしてくれと頼まれたりすることがあることからも明らかなように，他人に見られていては真実は話せない。テープ録音をされたのでは，自白は引き出せない」(司法制度改革審議会第26回議事概要)という。つまり，事後的に検証できない密室にしなければ，自白を獲得できないというのである。だが，録音もできない密室での「自白」こそが真実だなどとどうして言えるのか，そもそも，本当に話されたかどうかさえ検証しえない，そのような「自白」を，どうして有罪の証拠にしうるのか。この法務省見解は，論理的に破綻しているといわざるをえない。

しかし，この法務省の抵抗を受けて，2001年6月に提出された審議会の最終意見書は，抜本的な取調べの可視化からはほど遠いものとなった。

すなわち，同意見書は，「II　国民の期待に応える司法制度」の「第2　刑事司法制度の改革」の「4　新たな時代における捜査公判手続の在り方」のなかで「(2) 被疑者・被告人の身柄拘束に関連する問題」のうちの「イ　被疑者の取調べの適正さを確保するための措置について」として，いわゆる取調可視化について，次のとおり言及している(以下，要約困難なため，当該部分の全文を揚げる。①～⑤は引用者)。

① 「被疑者の取調べは，それが適正に行われる限りは，真実の発見に寄与するとともに，実際に罪を犯した被疑者が真に自己の犯行を悔いて自白する場合には，その改善更生に役立つものである」。

② 「しかしながら，他方において被疑者の自白を過度に重視するあまり，その取調べが適正さを欠く事例が実際に存在することも否定できない。我が国の刑事司法が適正手続の保障の下での事案の真相解明を使命とする以上，被疑者の取調べが適正を欠くことがあってはならず，それを防止するための方策は当然必要となる」。

③ 「そこで，被疑者の取調べ過程･状況について，取調べの都度，書面による記録を義務付ける制度を導入すべきである。制度導入に当たっては，記録の正確性，客観性を担保するために必要な措置（例えば，記録すべき事項を定めて定式的な形で記録させた上，その記録を後日の変更･修正を防止しうるような適切な管理体制の下で保管させるなどの方法が考えられる。）を講じなければならない」。

④ 「これに加え，取調べ状況の録音，録画や弁護人の取調べへの立会いが必要だとする意見もあるが，刑事手続全体における被疑者の取調べの機能，役割との関係で慎重な配慮が必要であること等の理由から，現段階でそのような方策の導入の是非について結論を得るのは困難であり，将来的な検討課題ととらえるべきである」。

⑤ 「なお，こうした方策のいかんにかかわらず，前述の被疑者に対する公的弁護制度が確立され，被疑者と弁護人との接見が十分なされることにより，取調べの適正さの確保に資することになるという点は重要であり，そのような意味からも，その充実が図られるべきである」。

いうまでもなく，私たちは，①の前提論のなかに，根本的な誤りが含まれていると考える。たとえば，取調べによる自白に改善更生の機能を認める点は，取調官は牧師でもなければカウンセラーでもないのであって，このような機能を認めること自体，実態の認識として正しくない。これが，取調べ偏重思想—すなわち自白中心主義の発想を助長させるだけの考え—でしかないことも明らかである。したがって，②の現状認識も，なお認識不足であって，それゆえ③のレベルの提言にとどまったと批判しうるのである。

ただ，私たちは，現状改革が必然であるとする認識それ自体は，これを評価してよいと考えてきた。それゆえ，④のレベルの「可視化」を「将来的な検討課題」にとどめたことの中途半端さは，これを厳しく批判しなければならないけれども，③のレベルを突破口にして，④のレベルに行きつくはずだと考えてきた。「可視」化は「全過程について全面化していく」という自然過程としての必然性をもっているはずだからである。

私たちは，⑤を刑訴法 39 条 3 項の削除が検討されるべきことも示唆していると捉えるとともに，わが国における取調べの適正化が全面的になし遂げられることを目指そうと考えてきた。そのためには，一定の力学的作用が必要で，被疑者・被告人・弁護人の側から力を加える必要があり，個別実践を広範化・恒常化させるべきであると考え，そのような運動の展開を提唱してきたのである。

3　矮小化される取調べ可視化論

しかし，その後の司法改革議論のなかで，「取調べの可視化」問題は，必ずしも重要な論点として捉えられているとはいえない。むしろ，その意義は極めて矮小化されつつあるように思える。

審議会意見書の提出を受け，2001(平成 13)年には司法制度改革推進法が制定され，司法制度改革推進本部が設置されたが，閣議決定によって，「被疑者の取調べの適正を確保するため，その取調べ過程・状況につき，取調べの都度，書面による記録を義務づける制度を導入することとし，平成 15 年半ばころまでに，所要の措置を講ずる」とされ，その担当は，「警察庁，防衛庁，総務省，法務省，厚生労働省，農林水産省，経済産業省及び国土交通省」とされている。改革推進本部の所管から，この問題は早々に外されてしまったのである。現に，刑事司法改革にかかる検討会として，弁護士の委員をも含めた裁判員制度・刑事検討会と公的刑事弁護制度検討会が開催され，現在，検討が重ねられているが，取調べ可視化は，そのいずれにおいても明示的な議題とはされていない。

「裁判員制度・刑事検討会（第2回）議事概要―平成14年4月23日（火）」によれば，「被疑者の取調べ過程・状況について書面による記録を義務づける制度の導入について，その担当府省に司法制度改革推進本部が含まれていないのはなぜか」との委員の問いに対して，事務局は，「本制度は，全国の捜査機関の日常的な業務の遂行方法に関する細則的事項を定めるものであり，取調べに関する運用の在り方や，それぞれの捜査機関の組織の在り方等を踏まえ，技術的・実務的見地からの検討が必要であるとともに，柔軟な対応が求められることなどから，日々の被疑者取調べの実務に関わっている捜査機関を所掌する担当府省において検討し，所要の規則を定めることによって本制度を導入するのが適切であると考えられたからである」と答えたとのことである。検討会座長も「関連する事項として具体的に何を論点として取り上げるかは，これから協議することであろうが，本検討会で刑事手続全般を網羅的に検討することは困難であり，推進本部の担当とされている事項を議論するのが中心であろう」と述べたとされている。取調べ可視化の問題が，ここで述べたような視点を踏まえて討議される機会があるかどうか，甚だ覚束ない状況となっている（後記注参照）。

4　イギリスの経験に学ぼう

さて，しかし，私たちは，わが国の司法改革論議の中で，取調べ可視化論が後退している状況に対して，手をこまねいている訳にはいかない。

実は，イギリスで1984年にPACEが制定され，取調べの全過程が録音されるようになった背景には，自白強要による冤罪・誤判事件が相次いで明らかになったという歴史的事実が存在する。いうまでもなく，この時期は，わが国において，死刑事件における再審無罪事件が相次いだ時期と重なっている。かたや，イギリスでは誤判の経験から取調べの録音が制度化され，他方，わが国では，取調べ改革は遅々として進まず，過ちの根本を反省することもなく旧態依然の密室取調べが温存されているのである。

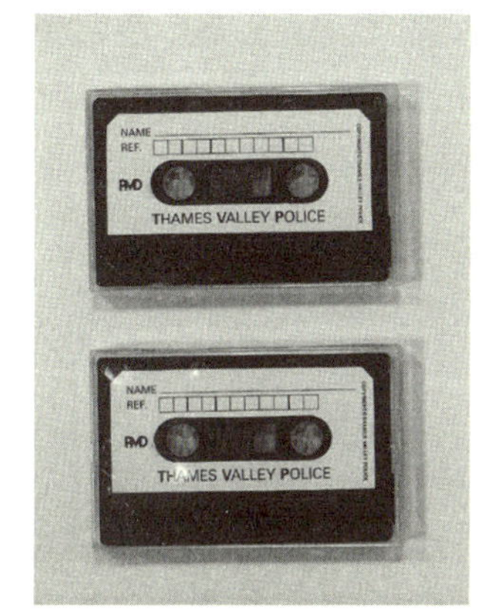

取調べ用テープ

わが国は，この20年近くのイギリスの経験をリアルに認識し，そこから真摯に学ばなければならないはずである。取調べの適正化（それは可視化と同義だが）なくして，本当の刑事司法改革など成し遂げられるはずもない。それが私たちの確信である。

この確信を胸に，私たちは，2002年7月，取調べの録音がイングランド・ウェールズの刑事実務に与えた影響を調査する旅に出た。これは，その視察の記録である。

（注）　終章で言及しているとおり，2003年になって，取調べ可視化をめぐる議論は，急速に活性化してきている。上記検討会でも，この問題は，限定されたかたちとはいえ，採り上げられ，議論されるに至っている。現在，「取調べ可視化」問題が刑事司法改革の要に位置する問題であることは，関係者の共通認識になってきているといってよい。

<トピックス 1>　イギリスの刑事手続の概要

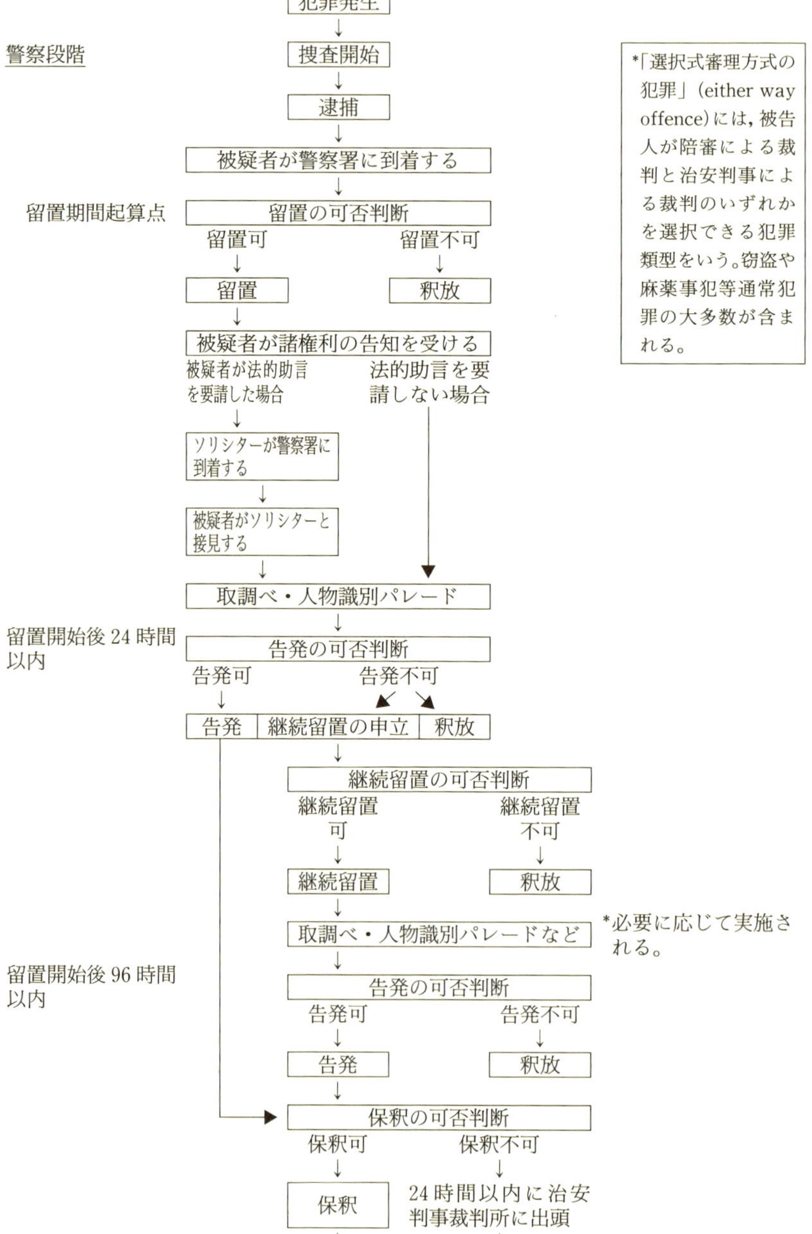
＜イギリスにおける刑事手続の例：逮捕から刑事法院まで―選択式審理方式の犯罪＞
犯罪発生
警察段階
捜査開始
逮捕
被疑者が警察署に到着する
留置期間起算点
留置の可否判断
留置可
留置不可
留置
釈放
被疑者が諸権利の告知を受ける
被疑者が法的助言を要請した場合
法的助言を要請しない場合
ソリシターが警察署に到着する
被疑者がソリシターと接見する
取調べ・人物識別パレード
留置開始後 24 時間以内
告発の可否判断
告発可
告発不可
告発
継続留置の申立
釈放
継続留置の可否判断
継続留置可
継続留置不可
継続留置
釈放
取調べ・人物識別パレードなど
*必要に応じて実施される。
留置開始後 96 時間以内
告発の可否判断
告発可
告発不可
告発
釈放
保釈の可否判断
保釈可
保釈不可
保釈
24 時間以内に治安判事裁判所に出頭
*「選択式審理方式の犯罪」(either way offence)には，被告人が陪審による裁判と治安判事による裁判のいずれかを選択できる犯罪類型をいう。窃盗や麻薬事犯等通常犯罪の大多数が含まれる。

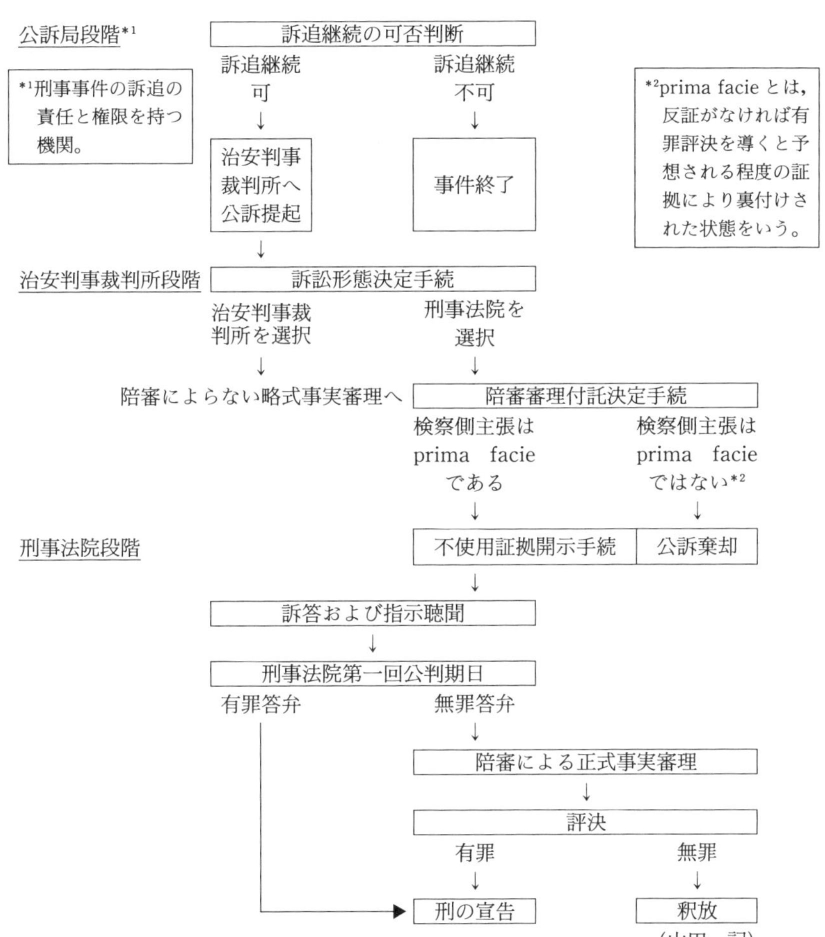
公訴局段階*1
訴追継続の可否判断
訴追継続可
訴追継続不可
*1刑事事件の訴追の責任と権限を持つ機関。
治安判事裁判所へ公訴提起
事件終了
*2prima facie とは，反証がなければ有罪評決を導くと予想される程度の証拠により裏付けされた状態をいう。
治安判事裁判所段階
訴訟形態決定手続
治安判事裁判所を選択
刑事法院を選択
陪審によらない略式事実審理へ
陪審審理付託決定手続
検察側主張は prima facie である
検察側主張は prima facie ではない*2
刑事法院段階
不使用証拠開示手続
公訴棄却
訴答および指示聴聞
刑事法院第一回公判期日
有罪答弁
無罪答弁
陪審による正式事実審理
評決
有罪
無罪
刑の宣告
釈放
（山田・記）

第 *1* 章　密室の扉を開く

——学者の立場から
バーミンガム大学ジョン・ボールドウィン教授に聞く

バーミンガム大学構内にて

調査日 2002 年 7 月 9 日
バーミンガム大学法学部会議室にて

はじめに

イギリスにおける取調べの可視化は，テープ録音及びビデオ録画により担保されている。我々は取調べの録音・録画について研究テーマにしているジョン・ボールドウィン教授より，取調べの可視化によって実際にいかなる変化が生じたのか，また現状の問題点などの説明を受けた。このインタビューでは，教授が研究題材として検証された取調べビデオの一部を見る機会を得た。以下内容を要約する。なお，同教授の研究については「警察署における法的代理人の役割」解説・訳・上石圭一/監修・宮澤節生（判時 1475 号）「イングランドとウェールズにおける警察の録音と警察署における弁護人の役割」訳・四宮啓（季刊刑事弁護 No. 12　1997 年冬季号）を参照されたい。

インタビュー

＊本文中，（**調**）は調査団側の発言，（**ボ**）はボールドウィン教授の発言を指す。

■　イギリスの被疑者取調べと PACE

（**ボ**）　ようこそいらっしゃいました。今日は皆さんにお見せするために，警察での典型的な取調べを録画したビデオを用意しています。短いビデオで，その中には数件の取調べが記録されています。この記録は，後でお見せします。

あなた方もご存知のように，イギリスでは被疑者の留置および尋問を非常に深刻な問題としてとらえています。多くの刑事事件において，自白証拠は訴追の核を構成しています。私の推定では，裁判所が受理した事件のうち，約三分の一については，もしも自白がなかったならば訴追を維持することができなかったと思われます。

警察に留置されている間に，被疑者がどのように取り扱われるか，そしてどのように取調べられるかという問題は，常にデリケートな問題として存在してきました。留置されている人々が劣悪な取り扱いを受けているのではないか，また，自らの意思に反して供述させ，自白させ，情報を提供させるために，身体的・心理的な圧力が加えられているのではないかという懸念が長年にわたって表明されてきました。

私が特に強調したいのは，警察官や検察当局の行為は厳格なコントロールを前提としなければならないということです。そして，彼らは自分の行為について説明責任を負うということです。彼らに自由裁量を与えることは，非常に危険です。

ここ 20 年間で，警察署における留置手続の規制に関して，非常に大きな進歩が見られました。そうした進歩によって，被疑者は実際に「使える」権利を付与され，また裁判所は，警察の劣悪な実務をチェックする役割を効果的に果たすよう促されました。

しかし，警察における留置手続を規制する最良の方法は何か，という問題は引き続き議論の対象となっています。どのようにバランスを取るべきかに関して，現在も意見の相違が存在しています。被疑者の権利と警察の望みは，時に深刻な対立を生むからです。

メディア上でも留置および取調べに関する議論が広く行われており，それは国家的な問題となっています。ここ 20 年間に多くの調査が実施され，大きな議論が巻き起こっています。その中には，あなた方が今いらっしゃるバーミンガム大学も含まれているのです。

この数年，イギリスでは，警察署に留置され取調べられている時にどのようなことが起きているのかについて，非常に大きな関心が寄せられています。そのことについて努力も払われています。しかしそれでも，現在の刑事手続は非常に多くの問題を抱えているのです。

1980 年代以降，イギリスの刑事司法制度は深刻な危機に陥りました。そうした危機をもたらしたのは，一連の誤判の顕現でした。爆破テロを含む，多くの非常に重大な事件に関して，その有罪判決が控訴院によって覆されたのです。それらの事件では，被告人が長期間刑務所に服役した後に，彼らが無実であったことが判明しました。

当時明らかとなった一連の誤判は，50 件にものぼります。そこで共通に見られた要素がありました。それは，警察によって無理矢理に獲得された自白が，事件の基礎となっていたということです。事件の基礎となった自白は，およそ信用できないものでした。それらの自白を獲得するために，警察は被疑者を殴打したり，身体的暴力を加えたりしました。その後，買収行為が行われたりもしています。不適正に獲得された自白によって，被告人が長期間刑務所で服役しなければならないということを，私は非常に重視しています。

私自身は，それほど多くの調査を実施してきたわけではありません。私が実施した調査は，警察での取調べ状況を録画した非常に多数のビデオテープの検討を基礎としています。私が再生して検討したビデオテープの数は 800 本にのぼります。

1984 年警察及び刑事証拠法（Police and Criminal Evidence Act 1984）は，一般的に PACE と呼ばれています。この法律は，被疑者の留置および取調べに関して規定しており，鍵となる立法です。特に第 4 部の「留置」と第 5 部の「警察署における取調べおよび取り扱い」は，全体から見た割合は大きいものではありませんが，重要なパートです。

また，PACE と同様に重要なのは，それに付随する実務規程（Code of Practice）です。この実務規程は，1995 年に一度改訂され，現在さらなる改訂作業が行われているところです。実務規程は PACE を実現するにはどうしたらいいのかに関して，警察官に詳細な情報を与える，詳しい手引きです。この実務規程は法律用語では書かれていません。それは，実務規程を読んだ警察官がすぐに理解できるようにという配慮がなされているからです。

法的枠組みを考える際に，忘れてはならない重要な点がひとつあります。それは，PACE や実務規程に加えて，この国では膨大な判例法が存在しているということです。こうした判例法は，PACE や実務規程が遵守されなかった場合に，裁判所がどのように対応するかの基礎となるものです。PACE や実務規程によって法的枠組みができた後も，裁判所が判決を出し，それにしたがって改訂が加えられていくという作業が続けられています。

PACE は，この国における留置および取調べ手続を規制することを目的として作られました。今までに，このような決然とした努力がなされたことはありませんでした。そして，多くの点において，PACE は警察署に留置された被疑者の地位を向上させたのです。

■　PACE の意義

第一に，PACE には被疑者の持っている権利は何かについて，以前よりも正確に定義しました。いくつかの点では，既存の被疑者の権利を強化しました。特に法的助言を受ける権利についても規定が置かれています。

被疑者は留置される際に，まず，法的助言を受ける権利があると告げられます。被疑者は，いつでも好きな時にソリシター*を警察署に呼べますし，ソリシターを取調べに立ち会わせることもできます。そして被疑者は他者の立ち会いなく，ソリシターといつでも接見できると規定されています。被疑者はそれらについて費用を払う必要はありません。完全に無料です。

また被疑者には，これらの権利に加えて，電話をかけて外部の人に自分が留置されていると知らせる権利もあります。この，電話をかける権利は，法律家にアクセスする権利に加えて被疑者に付与されています。

もうひとつ重要なことは，PACE は被疑者の留置に関して，非常に厳しい時間制限を課していることです。繰り返しになりますが，この国では，被疑者がいったん留置された場合には，遅滞なく裁判所に出頭しなくてはならないという考え方が非常に強調されています。

被疑者の留置に関するこうした時

間制限は，PACEによってもたらされた主要な改善点です。以前日本に行った時に，日本では被疑者が23日間留置されると聞きました。イギリスでは留置は24時間が原則です。例外もありますが，原則としては24時間です。日本とはずいぶん違いますね。

*ソリシター　法曹資格のある法律家の一種であり，通常，刑事法院および上級審における弁論以外の法律業務を行う。これらの弁論はバリスター（法廷弁護士）が行う。なお，第4章参照。

■ 留置官の役割

（ボ）　もう一つの改善点としてあげられるのは，PACEが，留置管理官（custody officer）による被疑者の留置状況の監督を保障した点です。

PACEは，留置の全期間について被疑者の処遇に責任を持つ警察官を定め，そうした警察官を留置管理官として定めたのです。留置管理官は，PACEの実施にあたって鍵となる人物です。留置管理官は，被疑者が留置されている間中ずっと，被疑者の処遇について責任を負います。また，被疑者が適切に権利告知されたかどうかについての責任者でもあります。

同じくらい重要な留置管理官の仕事として，被疑者の留置を正当化するだけの十分な証拠があるかどうかを判断することがあります。そのような十分な証拠があるかを判断し，留置の正当性を保障するという意味で，留置管理官は裁判官類似の役割を有します。PACEの規定によれば，その段階で十分な証拠がない場合には，被疑者は釈放されなくてはなりません。

（調）　証拠が不十分であるという理由から，この段階で釈放される被疑者の割合はどれくらいですか。

（ボ）　この段階で釈放される人は非常に少数です。いることはいますが，とても稀です。釈放される人が非常に少ないのは，警察官が裁判官のような役割を果たすと期待するような規定は，非現実的だという感覚があるからです。

（調）　では，どのような証拠を見て，留置管理官は証拠が十分であるかどうかを判断するのですか。

（ボ）　ほとんどの事件においては，被疑者を警察署に連れてきた捜査官（investigating officer）の話だけです。通常，この段階では特に証拠はありません。捜査官が被疑者を連れてきたときに口頭で説明するのを聞いて判断します。

原則的に，留置管理官の立場は捜査官とは独立しています。犯罪捜査とは別の機構として，留置管理官というものが位置づけられ，留置管理官の判断は捜査官から独立しているのです。しかし，留置管理官といえども警察官ですから，そのように行動することを期待できるのかと大きな懸念を持たれるのももっともなことです。

どんなことが実際に起きているのか，どのように立法が実施されているのかについて，調査を実施することの重要性はそこに存在すると，私は信じています。というのも，立法は日々の実務を完全に保障するものではないからです。立法その他の方法によっても，警察官の行動が変化することは非常に困難であるという感覚が存在します。警察官の行動が変化するということは，いわばタンカーの船首の向きが変わるようなものだとも言われています。

しかし，そうはいってもここ2，3年で警察の姿勢や態度は確かに変化しました。しかもその変化は非常に顕著でした。ひとつの立法が革命的な，そしてすばやい変化をもたらすと言ったら，それは非現実的であると思われるかもしれません。しかし長期的視野に立てば，それが出発点であることは明白です。

■　留置記録の適正性保障

次に，留置されている間に被疑者の身に何が起きたのかについて，PACEは適切な記録の作成義務を導入しました。PACEでは詳細に記録をとることが求められています。

留置管理官が留置の決定をするにあたっては，この留置記録（custody record）に書かれていることによって留置決定を正当化しなくてはなりません。

記録にはいくつも記載欄があります。留置決定，留置の認可，留置管理官による署名，留置の理由などです。

この記録に関して，真に重要なのは，個々の警察官が記録に署名をしなければならないということです。そしてこの記録が，法律家やさらに重要なことには裁判所によって，後に検討することができるということです。

ですから,「留置管理官も警察官なのだから，捜査官の望むとおりに行動するに決まっている」というのは簡単ですが，しかし留置管理官には説明責任が課されているのです。そして後になって，もしも被疑者の留置の間に起きたことが問題となったならば，法廷で証言しなければならないのも，留置管理官なのです。

さらに，留置記録の特徴として，それが被疑者の適切な権利告知を保障するものである点があげられます。被疑者は，適切に権利告知を受けた場合には，そのことを明らかにするために署名をします。もしも署名欄が空白であれば，被疑者は権利を告知されていないということになります。

法的助言についても同じことが言えます。法的助言を受けたいと要請したかどうか，可能な限り速やかにソリシターに会いたいかどうか，ソリシターに会いたくない場合にはその理由等について，被疑者が署名したり記載することになっています。

一般的に言うならば，留置の間に起こったすべてのこと，すべての重要なことが，留置記録に記載されなくてはならないのです。

もしも留置決定が不公正に行われたとか，医者を呼ぶべきだったのにそうしなかった，というようなことについて申立が行われた場合には，後で留置記録をチェックして，申立理由の有無を判断することが可能となったという点で利益があると思います。

■　不公正に獲得された証拠や供述についての裁判所によるより厳しいコントロール

PACEは，不公正に獲得された証拠および供述について，裁判所がより厳しく統制することを定めました。これは，別の言い方をするならば，PACEの規定が遵守されているという保障に関して，裁判所が大変重要な役割を果たすということです。

公判開始後に，被疑者段階で権利侵害が存在したと裁判官が信じるようになった場合には，裁判官は裁量によって証拠を排除することができます。重要なのは，裁判官はそのような場合に，自動的に証拠を排除するのではなく，裁量によって証拠排除を行うということです。一例をあげますと，被疑者が法律家へのアクセスを拒否された場合，そこで得られた自白について，被疑者が法的助言を受ける利益を享受しなかったことを理由として，証拠排除を行うか否かを，裁判官は裁量で決定することができるのです。

■ 取調べテープ録音の導入

次にテープ録音についてお話しします。テープ録音はイギリスにおいて，少なくとも潜在的に，最も重要かつ効果的な被疑者の権利保障です。これは被疑者の権利保護について重要というだけでなく，警察における劣悪な実務の可能性をチェックする機能も持っています。おそらく，PACE における最も革新的な点が，このテープ録音の導入でしょう。

この国で行われる全ての被疑者取調べに，テープ録音が導入されています。現在，いくつかの地方では，被疑者取調べをビデオで録画する実験が行われています。この国では，ほとんど全ての事件で警察が被疑者を取り調べます。警察官自身も，被疑者取調べによって自白を獲得することがとても重要だと考えています。そうすることが，有罪判決への近道だと見なしているからです。自白はしばしば，事件の訴追における核，鍵となる要因だと考えられています。

私が思うに，被疑者取調べは刑事手続の中で最も重要な段階です。多くの人々は公判で起きることが一番重要と考えています。しかし被疑者の取調べこそが，「賽子が投げられた」段階，すなわち後に引けなくなる段階であると考えます。捜査段階でいったん供述がとられてしまったら，後で供述を撤回することは大変困難です。

被疑者がその段階で自白したりその他の供述を取られたりすると，そのことはその後の全過程に影響を及ぼしてしまいます。また同時に，その後の過程における決定にも影響を及ぼしてしまうのです。

被疑者の自白は，その後の裁判で有罪判決が出されることを実質的に保障してしまいます。

特に現在は，被疑者はテープ録音によって自白や供述が記録されるので，後になってそうした自白や供述を取り消すことが大変困難になっています。自白をした人の少なくとも95％が，有罪判決を受けているのが現実です。この段階で自白をした人は後で有罪答弁をする人がほとんどです。無罪答弁をする人は稀です。

自白証拠の重要性についてお話ししましょう。非常に驚くべきことに，50％以上の被疑者が取調べ段階で自白をしています。録画ビデオを見ていて非常にびっくりしたのは，警察官が何も圧力を加えていないにもかかわらず，非常にしばしば被疑者が自白してしまうということでした。

先ほど述べたように，この国では全ての取調べがテープ録音されています。テープ録音は実務規程Eに定めがあります。

テープ録音の最重要利益は，実際に取調べで何が起きたのかを，密室の外にいる人々，すなわち法的助言者，調査者，そして裁判所等が知ることができるということです。

他者の立会いのない世界，すなわち秘密の世界に光をあてる意味で，テープ録音は大きな利益をもたらしました。テープ録音によって私たちは初めて，警察が実際にどのような取調べを行っているかを知ることができました。このことによって私たち外部にいる人間が，取調べ実務が公正に行われているかどうか評価できるようになりました。

これは特に裁判所について言えます。裁判所は取調べの録音テープを再生することによって，公正な取調べが行われていたかどうかを判断する際に，以前よりも強い態度を取ることが可能になりました。PACE以前には，警察官の取調べが不公正だという申立が多く存在していました。テープ録音の導入によって，「裁判所がそうした申立の正当性を判断しなくてもよくなった」とまでは言えません。しかし少なくとも，裁判所が判断する際の助けにはなっています。

PACEは被疑者に利益をもたらしました。しかし警察官にも利益をもたらしました。テープ録音は，それまで不公正な申立をされていた警察官にとっては，彼らを保護するものとなったのです。

長い間，警察はテープ録音の導入に関して，強い拒否の態度を示してきました。警察の尋問に関して多くの申立がなされてきました。また，いくつもの委員会が手続の改革についてコメントし，テープ録音導入を勧告する意見も多く出されました。しかし，長年にわたって，警察はそうした変化に反対し続けていたのです。

奇妙なことに，PACEによってテープ録音が導入されると，警察官たちは瞬く間にテープ録音に夢中になりました。

■　取調べの実際

これからあなた方に取調べを録画したビデオをお見せします。このビデオテープには3件の取調べが録画されています。3件とも単純な事件で，あわせて15分程度です。

警察の中で何が起きているのかに関する私たちの知識の源は，ほとんど映画や本やテレビでした。しかし映画や本やテレビといったものは，現実をベースにしているわけではありません。録画されたビデオを再生することによって，私たちはそれが「神話」であったと知ることができたのです。

私が調査のためにビデオを見たのは何年か前のことですが，その時私

は，自分が想像していた取調べと実際の取調べが，全く異なっていることに驚きました。特に，警察官がそれほど強圧的ではなく，いい感じで取調べが行われていたことにびっくりしました。

では，ビデオを見てみましょう。

<一件目の取調べ録画ビデオ再生>

■　ボールドウィン教授との質疑

(調)　とても短いですね。

(ボ)　そう，とても短いのです。これは薬局に侵入した単純な事件です。

(調)　あの取調官は質問が下手ですね。しゃべりすぎです。

<ビデオ録画事件その1：薬局への不法侵入>

(1)　取調室の様子　ビデオで最初にみた事件は，薬局への不法侵入事件の被疑者取調べである。被疑者が窓ガラスを壊すのを目撃した者がいるという。取調べでは，まず，取調官が，当該取調べがテープ録音及びビデオ録画されていることを被疑者に告げる。「ビデオ録画することに異議はありますか」。異議はない。取調官が自己紹介し，自分と被疑者の位置関係を述べる。「私は被疑者の右側にすわっています」。そして，被疑者に「よければフル・ネームを言ってもらえませんか」とていねいな口調で語りかける。被疑者が氏名を告げる。生年月日に続き，住所の質疑があり，取調官が，当該取調べのおこなわれている警察署の名前と取調べ日時を述べる。

その後，録音テープについての説明を行なう。「取調べの終わりに，録音テープの取り扱いに関する告知書(notice)があなたに渡されます」。取調官は，被疑者に「あなたは，現時点で，弁護人（ソリシター）の立会なく取調べを受けることに同意しましたが，それでいいですか？」と尋ね，被疑者が「いい」と答える。さらに，取調官は，被疑者に黙秘権を告知し理解したかを尋ねる。被疑者は，理解したと答える。取調官は，録音テープには「うなずいたり，ジェスチャーをしても記録されない」ので，答えは声に出して言うようにと，被疑者に求める。被疑者は了解したと答える。

(2)　取調べ状況　被疑者は，取調べを通じて否認を貫いた。取調官は，「その目撃者が被疑者に向かって歩いていったところ，あなたが車に乗って走り去ったので，目撃者は車を追いかけました。そして，目撃者から知らせを受けた警察官があなたの車を停止させ，あなたが逮捕されたわけです。これについて何か言うことはありますか」などど突っ込む。しかし，被疑者は「ないです」と答える。

取調官は，目撃者が警察官を捜し，実際他の車を止めて携帯電話を借りたと説明する。続けて，目撃者がそれ以前に被疑者の車をヒッチハイクしようとして断られた経験があると話したと説明する。しかし，被疑者は，「それは違う」と応答する。取調官は，「その男が誰かははっきりしているんです」と少し強い口調になる。被疑者は「違う」と断言する。

（取調官）「これは警察官が言っているのではないんですよ」

（被疑者）「違う」

（取調官）「一市民が，良心に基づいて，自分が目撃した不法侵入の犯人を捕まえるために精一杯のことをしたんです。その人物は，あなただ」

（被疑者）「そう，その人はよくやったんでしょう。でも，不運なことに，それは私ではない」。

取調官は，被疑者の言うことは信用できないと述べる。被疑者は取調官から目をそらし，「ご自由に」と言う。供述に何か付け加えることはあるかと尋ねられ，被疑者は，「ない」と短く答える。取調官は被疑者に録音テープの取り扱いについて書かれたリーフレットを渡した後，時刻と録音機器のスイッチを切る旨述べた。

（ボ）　その通り。

（調）　あのビデオを見ると，弁護人の立場からは怖いですね。被疑者は嘘をついているように見えます。裁判官や陪審も，被疑者が嘘をついていると思うでしょう。

（ボ）　確かにあなたがおっしゃる通りです。それは非常に興味深く，また重要な点です。被疑者の保護が当初の目的であったにもかかわらず，被疑者の地位をおびやかすような方向で使われてしまい，実際にそうなってしまっているのです。

（調）　しかし，被疑者は単に不安なのかもしれません。ビデオ録画はきわめて印象的で，録音よりも決定的なものになる可能性があると思います。

（ボ）　そうです。決定的になりすぎることがあります。あなたのおっしゃった意見は大変重要です。というのも，単純な解決方法を考えることは簡単ですが，それによって予期した以上に多くの問題が引き起こされるのです。

（調）　録画されたビデオを見るのと，録音されたテープを聴くのでは受ける印象に差はありますか。

（ボ）　ビデオを見たり，テープを聴いたりしましたが，私の意見では，テープ録音の方にたいして大きな利があるとは感じませんでした。テープ録音もビデオ録画も，私が考える限りたいした違いはありません。ただ，先ほどビデオ録画によって被疑者が不安であるだけかもしれないのに嘘をついているように見える，という危険について言及がありましたが，それはビデオ録画ではなくテープ録音をおこなうことで回避することができます。

（調）　日本ではビデオ録画されることはほとんどありません。しかし私は一件だけ見たことがあります。おそらくそれが日本で唯一の録画です。嘘発見器にかかるかどうかを警察官が被疑者に聞いている場面を撮影したもので，取調べそのものではありません。そのビデオを見れば，警察官が強引に同意をとろうとしているのが分かります。しかし警察は，それがきちんとして同意をとったものだと考えて，出してきたのです。このように，見る者の立場に応じて，録画された内容に対する評価は変化するでしょうが，非常にインパクトは強いと思います。

ビデオ録画は公正な手続がとられ

たかどうかの判断材料にはなると思います。しかし先ほどのビデオを見ていると，被疑者が与える印象自体が事実認定者に偏見や予断を与えるかもしれない。それについてどのようなご意見を持っておられますか。

(ボ)　実際に被疑者が何を言ったかよりも，ビデオを見た印象の方が強く陪審にアピールをするという点については，私も同じ意見です。確かにその通りです。公判においても陪審は，被告人が何を言ったかよりも，どういう態度を取ったかを評価の対象にするのです。やはりビデオには一定の危険が伴います。ビデオの映像が与える印象は鮮明かつ強烈で,不公正なまでに強力だからです。

(調)　一件目の被疑者はその後どうなったのですか。

(ボ)　この事件は裁判所には送られませんでした。検察官がこの事件について，有罪を得るだけの十分な証拠があるとまで判断しなかったので，それ以上手続が進められなかったのです。警察と検察というのは独立していますから，証拠を検討して不十分だと考えれば，検察当局が落としてしまうことがあるのです。

次の二件の取調べのビデオ録画は，一件目よりもずっとドラマティックですよ。

<二件目の取調べ録画ビデオ再生>

(調)　これはテレビ番組で，本当の事件ではないんですよね。

(ボ)　本当にあった事件です。ただテレビで放送するために，テレビカメラが取調室の中に入ったのです。この被疑者は4年の実刑判決を受けました。

(調)　4年ですか。ソリシターは何もしていませんね。

(ボ)　四分の三の事件では，ソリシターは何も言いません。

(調)　この事件は重大事件ですよね。それでもソリシターが何も言わないのは，警察官の質問が適法で適切だと考えたからですか。

(ボ)　取調べ状況に鑑みれば異議を申し立てるべき状況においてさえ，ソリシターが何も言わないのはよくあることです。中には取調べに介入するソリシターもいます。しかしその介入は，被疑者の助けとなるのと同じくらいしばしば，警察を助けてしまうこともあるのです。

(調)　このビデオでは，警察が自

<ビデオ録画事件その2：殺人未遂>

(1) 取調室の様子　2本目の被疑者取調べの被疑事実は，殺人未遂罪である。被疑者は，ガールフレンドと口論の末，彼女にガソリンをかけて火をつけ，重傷を負わせたという疑いで逮捕された。被疑者は，ガソリンをかけたことは認めたが，火をつけたのはガールフレンド自身であると主張している。画面に映る取調べ室は，次のような様子である。左手には被疑者が映っている。被疑者の前には二人の取調官，その手前にカメラに背を向けるように弁護人(ソリシター)が見える。全員椅子に座っている。机はない。録音機は取調官の横に置かれた低い台の上に置かれている。

(2) 取調べ状況　ビデオは取調べの途中からはじまる。取調官が，被疑事実を説明し，被疑者が弁解する。

(被疑者)「僕は(ガールフレンド)と飲みに行った。その後，他の店に行った。彼女と口論になった。彼女にガソリンをかけた。大体10分後に…計っていたわけじゃないが…彼女がマッチで自分に火をつけた…。僕は彼女に火をつけていない」

(取調官)「では，あなたは自分のやったことの結果がどうなるか，考えなかったということね？水とガソリンは全くの別物だわ。そうでしょう？」

(被疑者)「違わないね。火がついていない時には，違わない」。

(取調官)「あなたは，明らかに，彼女が現実に危険な目に遭うことを望んだのよ。だから，あなたは彼女にガソリンをかけた…」

(被疑者)「そう望んでいたなら，火をつけたはずだが，自分は火をつけていない」,「ガールフレンドを助けもしないだろうし，警察も呼ばない。それは自分がガールフレンドに危害を加えるつもりがなかったからだ」。

(取調官)「それはあなたが，殺人の罪に問われたくなかったからだ」。

(被疑者)「僕は何も言う必要はないんだ。僕は電話して，逃げることもできたけれど，そうしなかった。僕の言っていることの意味が分かる？」

取調官は，危害を加える意思を否定する被疑者の言葉を遮りながら,「ガールフレンドに重傷を負わせようと(被疑者が)意図していたことは明らかだ」,「あなたが火をつけたかつけなかったか，どうして私に分かるの？」,「あなたの行為は間違っていた」とたたみかける。強い口調のやり取りが交わされ，取調官と被疑者の発言はしばしば互いに重なり合うが，弁護人(ソリシター)は黙っている。

取調官が，言葉を区切りながら，押しつけるような調子で言う。「あなたは，女性に，ガソリンを，かけた。彼女に，危害を加えようという意図が，あった」。

被疑者は大きくため息をつき，目を閉じて顔を取調官からそむける。「そう，それなら，それを証明するのはあなただ。僕はこのことに関して，これ以上何も言うことはないよ」。

ビデオテープは，取調べの途中で終了している。

分たちの見解を押しつけているように感じて，私だったら異議をいう。

（ボ）　そうですね。それに加えて，この警察官は被疑者の品位をおとしめるような態度を取っています。ですから，いいソリシターがついていたならば，不公正だと言って異議をとなえるでしょうね。最近ではソリシターは，もっと活動的になっています。しかし一般的には，ソリシターは介入すべき時に介入しないと考えられています。

（調）　この取調べは，被疑者が「もう何も話さない」と言ったから終了したのですか。

（ボ）　そうとは限りません。例え被疑者がそれ以上話すつもりはないと言っても，取調官はどんどん質問をすることができます。質問を止めなくてはいけないという規則はありません。しかし，取調官は取調べの終わりには一件目の取調べの最後に述べていたような一連のコメントをせずに，録音機のスイッチを切ることはできません。最後にリーフレットを被疑者に渡したり，時刻を声に出したり，「スイッチを切ります」と言っているでしょう。それで聞く者は取調べが終わったと分かるのです。

では，三件目に入りましょう。この事件は，ひとりの若者がバーミンガムのシティ・センター周辺で車を盗んだ容疑で捕まったものです。

<三件目の取調べ録画ビデオ再生>

（調）　ソリシターがとうとうしゃべりましたね，一言だけ。

（ボ）　「落ち着け」って。

（調）　この事件では逮捕した警察官が，同時に目撃証人なのですか。

（ボ）　そうです。言っていましたね，「私は君を見た。私は君を知っている」と。

（調）　被疑者は最初に「歯医者にいた」というアリバイ供述をしていたのですね。

（ボ）　この事件では，取調官が強い疑いを持っていたので，最初にその日の行動を全て話させています。アリバイということではないですね。被疑者は取調官に言われるまま，その日何をしたかをしゃべっています。取調官の段取りどおりです。それと，見たでしょう。とてもドラマティックでしたね。人が無実を主張して自分を守ろうとする時どんな態

<ビデオ録画事件その3：自動車窃盗>

(1) 取調室の様子　被疑事実は，自動車窃盗である。取調官は，被疑者に対して，取調官自身が盗難車を路上で発見し，その盗難車から数人の少年が飛び出したのを目撃した経緯，そしてその少年のひとりが被疑者だったのを見た，と告げる。取調室では，被疑者の前に二人の取調官が座り，その手前に弁護人（ソリシター）が席を占めている。全員椅子に座っている。机はない。録音機は取調官の横に置かれた低い台の上に置かれている。

(2) 取調べ状況　我々がみたビデオは取調べの途中からのものである。取調官が，「その日起きてから逮捕されるまでに，（被疑者の身の上に）起きたことをすべて話してくれ」と言うと，被疑者は，歯医者に行ったことや，公共交通機関を使って床屋に行ったことなど，それが何時だったかも含めて，ジェスチャーを交えながら述べた。被疑者は床屋を出た後，買い物をし，ファースト・フード店で食べ物を買って出たところを逮捕された。被疑者は，自分が何の容疑で逮捕されたかを，よく理解していないことが話から分かる。しかし，取調官が被疑者の置かれている状況を説明し始めると，被疑者の表情は一瞬にして変化する。

（取調官）「言うまでもないことだけれど，君はある犯罪の容疑者だ。だから，君は知らないといけない。君には分かっていると思うけれど，でも，それでも，私は君にこれから（被疑者になっている）理由を言うよ」。

（被疑者）「どういう意味だい…俺には分かってると思うけど，って？そいつは，絶対俺じゃない。そいつが俺だなんて，あんたは言えっこないんだ。100パーセント違うよ。絶対だ。そいつは俺じゃない…」と被疑者の否認が続く。

取調官は，被疑者に面識があることに言及し，見間違いはしないとほのめかす。被疑者は大きく手を広げて，目を見開きながら，犯人は自分ではないと必死に強く主張し始める。裏返って甲高くなった被疑者の声が，取調室に響く。

（被疑者）「一体，あんたは何が言いたいんだよ？あんたは，そうだ，嘘をついて俺を陥れようとしてるんだ。きっとそうなんだ。あんたは，俺を陥れようとしてるんだ。そうだろう。こんなのってないよ。裁判になんてできないぜ…ダメだってほうりなげられるよ，だって，あんたたち二人とも若造じゃねえか，警察なんてよう。あんたが警察官だってだけで，俺に濡れ衣を着せられるって考えてるんだ」。

被疑者は，話しているうちに極度の興奮状態になり，あえぎ始める。この段階で，弁護人（ソリシター）が初めて口を開く。「落ち着きなさい」。少しあわてた取調官も，被疑者に「落ち着け」と呼びかける。しかし，被疑者は，興奮しながら応答する。「落ち着けだって？あんたは，俺を見たって言ってんじゃないか。そいつは俺じゃない。俺に落ち着け，だって。俺を見たって言ってるのに。そいつは俺じゃないのに。そいつは俺じゃないんだ」。こうした様子で取調べが進む。

度を取るのか，それに対して取調官がどれだけ「お前がやったんだ」と確信を持って追及するかをよく表していました。

(調)　この被疑者はどうなったのですか。

(ボ)　起訴されませんでした。この事件では，逮捕した警察官がそのまま取調べをしています。警察官が取調べの最後で，「見誤ったかも知れない」と言ってトーンダウンしているのは，取調官が責任逃れをしようとしているからです。

(調)　これらの事件では，取調べはこれだけなのですか。

(ボ)　第一の事件では，取調べはあれだけです。大体5分か6分くらいですね。先ほど，取調べの「神話」についてお話ししましたが，実際には警察の取調べはとても短いのです。残りの二つの事件では，取調べの一部だけを取り出しています。とは言っても，第三の事件は取調べの最初と最後の権利告知を少しカットしただけで，大体あれくらいの長さです。

(調)　日本の取調べから見ると，あまりにも短いですね。

(ボ)　そう，私から見てもちょっと驚きでした。

(調)　テープをたくさんご覧になって，取調べの最初に否認をして，2時間後に自白をしたというような事件はかなりあるのですか。

(ボ)　それは非常に興味深い点です。また「神話」の話になりますが，私は800本程のビデオを見ました。しかし，被疑者がまず否認をしてその後認めたものはほとんどありませんでした。なのに，警察で主に行われている取調べの訓練は，否認をしている被疑者を説得して自白に追い込む技術を修得するために行われているのです。面白いでしょう。800件のうち，20件ほどで説明を変えていました。しかしこの20件については，取調べにおける一連の質問の公正性に問題があったのではないかという疑いが生じています。いくつかの事件では，取調べが2回行われていて，そして供述内容が変わっていました。ですから，取調べと取調べの間に何が起こったのかが分からない，ということが問題となっています。となると，その20件のうち，取調官が公正に自白を追求した結果，供述が変わったのは，4，5件だろうと思います。とても稀ですね。この

4, 5件については最初の話を変えて自白をしたけれども，警察が説得したからではなく，被疑者が自分で考えを変えたから自白をしただけなのです。警察の取調べ技術の結果，自白をしたわけではありません。だからこそ，私には警察が行っている取調べの訓練が不思議なものに思われるのです。彼らは，説得をして自白がとれる警察官が有能であると考えているのですから。

結局いろいろ見てみると，ほとんどの事件における警察の取調べの技術というのは，洗練されてもいないし，技術に裏打ちされているとも思えません。

（調） 取調べ中に否認から自白に変わる被疑者が少ないことについて，それはやはり取調べ時間が短すぎるからだと考える人はいるのですか。

（ボ） 留置期間を1日から23日に延長したらどうなるかということをおっしゃっているのだと思います。そうすればもちろん被疑者には，途方もない圧力が加えられるということになります。しかし，イギリスでも，本当に重大な事件では96時間まで延長することができるわけですから，その時は圧力を加えるということができるでしょうね。ただ，普通のたいしたことのない事件については，そんなことはないと思います。念のため付け加えておきますが，本当に重大な事件については，留置管理者の判断により36時間，さらには治安判事の許可により，96時間まで留置期間を延長することができます。36時間以上の留置を警察が望む場合には，治安判事裁判所による許可が必要となります。

■ 結論―取調べの密行性への挑戦

PACEによってテープ録音が導入されたことで，私たちは，何が警察署の中で起きているかを見ることができるようになりました。取調べが非常にオープンになったという点で，そのことは大変評価できると私は考えています。しかし，テープ録音の導入は同時に，いくつもの問題を生じさせました。今から，新たに生じた主要な問題について，いくつかお話をしていこうと思います。また，テープ録音の導入後なお解決されない問題についても，いくつかお話しいたします。

テープ録音が導入されたにもかかわらず，警察官の中にはいまだに被疑者取調べの際に威圧的な戦略をとる者が存在します。あなた方もご存知のように，被疑者の地位というものは非常に危ういものです。彼らは身体拘束を受け，孤立していると感じ，心配し，無力感を持っています。

警察署の環境というのは，本来的に威圧的なものです。被疑者は留置されると，警察の大変強いコントロールの下に置かれます。私が一番の限界だと感じるのは，警察官の中に，故意にテープ録音の規定に違反しようとする者がいる点です。そうした警察官は，インフォーマルな取調べ（informal interview）をしようとします。オフレコで被疑者からいろいろな話を聞き出そうとするのです。

私たちがテープで聞くことができるのは全て，いわゆる公の取調べです。しかし，テープ録音が開始される前に何が起きているのか，取調べと取調べの間に何が起きているのか，そして他に誰もいないところで警察官と被疑者がどのような話をしているのか，私たちには全く分かりません。

取調べの開始前に被疑者に対して圧力が加えられているかもしれません。取調べがテープ録音される前に段取りが整えられているかもしれません。警察官と被疑者の間で，何らかの約束が交わされているかもしれません。しかし，私たちが聞くことができるのは公式の取調べの記録だけです。それ以外は記録されません。ですから私たちは，「〜かもしれない」「〜かもしれない」と言うしかないのです。そうした意味で，テープ録音は「誤導記録（misleading record）」であるとも言えます。

それでも，何もなかったPACE以前よりはましだと思います。取調べにおいて，警察官と被疑者の間で約束が交わされたのか否かの評価が可能になったからです。先ほどあなた方にビデオをお見せした3つの事件についても，少なくとも私たちは，そこで何が行われているかを判断するにあたって，より強い態度を取ることができます。全く記録が存在しないよりはいいのです。

テープ録音がすべての問題を解決するわけではありません。全ての申立が解決されるわけではありません。しかし少なくとも，私たちは取調べの中で何が行われているかを知ることができます。それは何もないよりはましです。

私が最も重要であると思うのは，テープ録音の導入によって，取調べ中に何が起きているのかを外部に知らせることができるようになったことです。テープ録音は，外の人間が取調べの内容を知ることを保障しているのです。

刑事司法制度の高潔性の向上を真剣に考える時，私たちは警察署内でおこったことに関する規定であるPACEに大きな注意を払う必要があります。

先ほども申し上げたように，テープ録音が全ての問題を解決するわけではありません。また，テープ録音は刑事司法制度に新たな問題を生じさせたのかもしれません。ただ，私の経験によれば，テープ録音の導入は，取調べの密行性に対する挑戦という面で大きく貢献したと言えると思います。

■　調査団との質疑

（調）　今後，ビデオ録画がPACEの一部として法制化される可能性は高いのでしょうか。

（ボ）　私はその可能性はないと思っています。その理由は，何かをしようとするときは，力のある何らかの団体がそれを押し進めていくわけですが，ビデオ録画を法制化することを要求する大きな団体が，現在存在しないからです。また，ビデオ録画を導入することで，新しい問題が生じることに対する懸念は深刻です。加えて，ビデオ録画はテープ録音に比べると費用がかかります。

（調）　では，現在イギリスで行われている実験的なビデオ録画の主たるサポーターは誰なのですか。

（ボ）　私です。1988年に，バーミンガムのある上級警察官と話をしてビデオ録画の実験を提案しました。「警察の中に,駅に備え付けられているようなビデオ録画の機械を入れて，そこで得られた結果を自分の調査に使用したい」という提案をしたのです。

（調）　警察はビデオ録画をすることに肯定的ですか。

（ボ）　ここの地域の警察とロンドンの警察は積極的です。

（調）　その理由は何ですか。

（ボ）　それはテープ録音と同じです。警察はこう考えたのです。「ビデオ録画によって，取調べが公正に行われていることが明らかになれば，そこで得られた自白は誰からも論難されることはない」と。

長い年月にわたって，テープ録音は被疑者の権利保護の視点から議論されてきました。そして警察は導入に反対してきたのです。しかしひとたび導入された後は，警察はテープ録音が自分たちが事件を訴追する際に，非常に利益をもたらすと悟ったのです。

（調）　一部の警察をのぞいて警察がビデオ録画に積極的でない理由は何でしょうか。

（ボ）　ほとんどの警察は導入に興味を持っていますが，導入に必要な費用などの問題もありますし，ランニングコストの問題もあります。ただ，いちど導入した警察は，高い評価をしています。

（調）　日本と違って，取調べが23日続くわけではないから，安いものではないかとも思います。

（ボ）　そうですね。もうすでに，すべての警察にテープ録音が入っているからそれほど必要性を感じないのではないでしょうか。

（調）　テープ録音は当初の予想と異なり，「ひとたび導入された後には警察を守る盾となり，時には検察側の攻撃材料となった」という理解で正しいのですか。

（ボ）　基本的には正しいです。ただ，興味深いことに，録音テープが法廷で再生されることはほとんどありません。それに関しては，いくつか理由があります。第一に，被疑者が有罪答弁をすれば録音テープが法廷で再生されることはありません。第二に，裁判所にも強い偏見があって，彼らは録音テープよりも反訳書の方を重視するのです。

（調）　否認事件で録音テープが有罪証拠として使われることはありますか。

（ボ）　それは，録音テープが訴追の核になる場合があるかということですね。あることはありますが，非常に稀です。訴追において録音テープが非常に重要な位置を占める場合にも，裁判所は反訳書を要求する方が普通です。また，法廷で録音テープを再生することに関しては，当該証拠の許容性の問題等が複雑にからむので，困難が生じます。

(調)　最初の事件のビデオでは被疑者は罪を認めていませんでした。しかしあの態度を見ると，陪審は被疑者に対して不利益な想像をするでしょう。だから他の情況証拠を集め，先ほどのビデオとあわせて被疑者を起訴して有罪とすることはできるのではありませんか。このように，否認しているビデオテープも証拠として使われることはありますか。

(ボ)　それは極度に稀であると思います。というのも，そうしたテープが法廷で再生されることはほとんどないからです。先ほども言いましたが，裁判所は録音テープよりも反訳書の方を好みますから。

(調)「インフォーマルな取調べが存在したときは，自白の証拠能力がなくなる」といった扱いはされているのですが。

(ボ)　テープ録音の有無にかかわらず，裁判所の役割として，自白採取が公正かどうかという観点から証拠能力を判断します。もちろん，インフォーマルな取調べが行われたならば，それは問題となりますが。

(調)　テープ録音の導入によって，有罪答弁をする人の割合は変化しましたか。また，自白に関する申立の件数は変化しましたか。

(ボ)　有罪答弁をする人の割合は，以前とほとんど変わっていません。自白に関連する申立は，以前よりも減少したと思います。

(調)　自白がない場合，故意の問題を陪審が判断するのは難しいのではないですか。

(ボ)　結論から言えば，私たちの国では，陪審によって裁判が行われる事件は限られています。そういうこともあるでしょうが，それはケースバイケースですから，自白がないことによって，特に判断が困難になるわけではないと思います。自白が問題となるのは，裁判所に送致される事件の三分の一にすぎませんし，陪審が自白の問題に直面することは少ないでしょう。

(調)　1994年刑事司法・公共秩序法(Criminal Justice and Public Order Act 1994)は，被疑者が自白しなかった場合の不利益推論を認めました。この法律は，警察にとって自白の獲得がより容易になるような状況を整えたのではないですか。

(ボ)　1994年刑事司法・公共秩序法が，今まで伝統的に被疑者が得ていた利益を奪ってしまう法律であることは間違いありません。しかし，被疑者が黙秘権を獲得して100年ほど経ちましたが，実質的にこの権利を行使している人は少ないのではないでしょうか。

(調)「以前，警察は取調べの録音に反対していたけれども，PACE以降は大きく姿勢が変わった」とおっしゃいました。PACEを導入した力は何だったのですか。

(ボ) PACEは，非常に長い間行われてきた議論が土台となって成立しました。王立委員会に取り上げられたことも大きな影響を与えたと思います。50年以上にわたって議論をし続けてきた結果がPACEなのです。

(調) テープ録音によって，自白が獲得しにくくなったということですが，自白がないという理由で起訴率が減少したということはありますか。

(ボ) 裁判所に送致される事件の三分の二では，自白は重要ではありません。自白がないから起訴しないということはありません。

(調) 私たちはテープ録音を日本に導入したいと願っています。周囲を説得するためのアドバイスをいただけますか。

(ボ) 大事なのは，世界の経験から学ぶことです。政治的圧力を加えることが重要です。

(調) ありがとうございました。

<トピックス 2>　実務規程 C――権利告知手続について

＊　翻訳は，02 年 7 月の取材当時ではなく 03 年 3 月から施行されている現行の実務規定 C の関連部分を訳出したものである。

10　警　　告

(a)　**警告が与えられなくてはならない場合**

10.1　犯罪の嫌疑を受ける根拠が存在する者（注記 10 A 参照）は，当該被疑者の回答あるいは黙秘（回答せずあるいはこれを拒否し又は十分な回答をせずあるいはこれを拒否する等）が，訴追において裁判所に対する証拠とされるかもしれない場合には，犯罪に関するあらゆる質問あるいは従前の回答が嫌疑の根拠を提供する場合にはそれに続く質問に先んじて警告を与えられなくてはならない。その他の，以下に列挙する必須目的のための質問については，警告は与えられる必要がない：

(a)　身元特定又は車両の所有権の単なる明確化；

(b)　関連する制定法上の要件にしたがった情報の獲得。パラグラフ 10.9 参照；

(c)　適切かつ効果的な捜索活動の促進。たとえば，停止及び捜索権限行使における捜索の必要性の決定又は捜索活動実施時の協力促進；

(d)　パラグラフ 11.13 に定めのある，書面化された記録の確認要求；

(e)　2000 年テロリズム法別表 7 及び同法別表 14 パラグラフ 6 のもとで公布された検査官実務規程にしたがって検査がおこなわれる場合。

10.2　逮捕下にない者が初めて警告を与えられあるいは警告下にあると指摘されるいかなる場合にも，同時に，その者が逮捕下にないこと及び望むならば自由に退去できることが告げられなくてはならない。[注記 10 C 参照]

10.3　逮捕された者あるいはすでに逮捕されている者は，逮捕時あるいは逮捕後できる限り速やかに，その者が逮捕下にあること及び逮捕の根拠を告げられなくてはならない。[注記 10 B 参照]

10.4　逮捕された者あるいはすでに逮捕されている者は，以下の場合をのぞいて，警告もまた与えられなくてはならない。

(a)　その時点におけるその者の状態あるいは行動に鑑みて，警告を与えることが可能でない；

(b)　逮捕の直前に，パラグラフ 10.1 に定めのある警告がすでに与えられている。

(b)　警告に用いられる語句

10.5　黙秘からの不利益推論に関する制限が適用されない限り（附則 C 参照）

(a)　逮捕；

(b)　逮捕以外で，告発（charge）されるかあるいは訴追されるかもしれないと告げられる以前のその他のすべての機会（第 16 条参照）

に与えられなくてはならない警告は，以下の語句によるべきである。

「あなたは何も言う必要はありません。しかし，後になってあなたが法廷で依拠する事柄について質問され，これに言及しなかった場合には，あなたの防御活動に不利となることがあります。あなたの言ったことはすべて，証拠とされることがあります。」

[注記 10 G 参照]

10.6　黙秘からの不利益推論に関する制限が適用される場合に用いられる警告の代替語句は，附則 C パラグラフ 2 に明示されている。

10.7　本規程にしたがって与えられる警告に関して，当該警告の意味が保持されているならば，語句の軽微な逸脱は本規程の違反を構成しない。[注記 10 D 参照]

10.8　警告下における質問中の休憩後には，質問を受ける者は，引き続き警告下にあることを認識させられなくてはならない。何らかの疑義が存在する場合には，取調べ再開時に，再度当該警告が完全な形で与えられなくてはならない。[注記 10 E 参照]

10.9　警告下であるにもかかわらず，ある者が協力せず，あるいは自らの喫緊の処遇に影響するかもしれない特定の質問に回答しない場合には，その者はすべての関連性を有する結果及びそれらの結果は警告によって影響されないことを告げられるべきである。以下がその例である：

- 告発時における氏名及び住所の提供を拒否するならば，留置という結果が生じることがある；
- 1988 年道路交通法等のもとでの制定法上の要件にしたがった各事項及び情報の提供を拒否するならば，犯罪を構成しあるいはさらなる逮捕という結果が生じることがある。

(c)　1994 年刑事司法及び公共秩序法第 36 条及び第 37 条のもとでの特別警告

10.10　逮捕後，警察署あるいは留置が認可された場所で取調べを受ける被疑者が，適正な警告（注記10F参照）の後，一定の質問に回答せずあるいはこれを拒否し又は十分な回答をせずあるいはこれを拒否する場合には，裁判所又は陪審は，1994年刑事司法及び公共秩序法第36条及び第37条のもとで適切と思われる推論をしてよい。当該推論をしてよいのは，以下の場合に限られる：

(a)　黙秘からの不利益推論に関する制限（附則C参照）が適用されず；かつ

(b)　被疑者が警察官によって逮捕され，かついかなる証拠物，痕跡あるいは薬物についても説明せず，あるいはこれを拒否し，又は以下の物体から発見された痕跡について説明せずあるいはこれを拒否する場合：

- 被疑者の身体；
- 被疑者の着衣あるいは履物の内部あるいは表面；
- それ以外の所持品内部；
- 被疑者の逮捕現場；

(c)　逮捕された被疑者が，警察官が被疑者を逮捕した犯罪が発生したと申告された場所で，犯行時刻あるいは犯行時刻近辺に，警察官によって発見され，かつ当該場所に現存したことに関して被疑者が説明せずあるいはこれを拒否する場合。

黙秘からの不利益推論に関する制限が適用されない場合，(b)あるいは(c)に含まれる事項について，被疑者はなおも説明を要求されることがあるが，パラグラフ10.11に定めのある特別警告は適用されず，かつ特別警告は与えられてはならない。

10.11　被疑者がこれらの事項のひとつに関する質問に対して，回答せずあるいはこれを拒否し又は十分に回答せずあるいはこれを拒否する場合に，不利益推論が引き出されるためには，被疑者はまず最初に，以下について普通の言葉で告げられなくてはならない：

(a)　捜査の対象となっている犯罪は何か；

(b)　何の事実について被疑者が説明を要求されているか；

(c)　この事実が，当該犯罪の実行への被疑者の関与に起因しているかもしれないこと；

(d)　この事実について被疑者が説明せずあるいはこれを拒否する場合には，裁判所が適切な推論を引き出すかもしれないこと；

(e)　取調記録の作成が進行しており，被疑者が事実審理の場に出るならば，当該記録が証拠とされるかもしれないこと。

(d)　**少年及び精神障害者あるいはその他の精神的に傷つきやすい（mentally vulnerable）者**

10.12　少年または精神障害者あるいはその他の精神的に傷つきやすい者が，適切な成人の立会なく警告を与えられた場合には，適切な成人の立会のもとで再度当該警告が与えられなくてはならない。

(e)　書面化

10.13　この節のもとで警告が与えられる場合には，取調官の警察官手帳あるいは取調記録に記録される。

（指導注記）

10 A　嫌疑をかけるにあたっては，当該犯罪が実行されかつ質問を受ける者がそれを実行した可能性について関連性を有する既知の事実あるいは情報に基づく，合理的かつ客観的な根拠が存在しなくてはならない。

10 B　被逮捕者は，自らが自由を奪われたこと及び逮捕理由を理解するに足る十分な情報を与えられなくてはならない。たとえば，ある者が犯罪を実行したという嫌疑により逮捕された場合には，嫌疑を受けた犯罪の性質，犯罪がいつどこで発生したかという情報が与えられなくてはならない。当該逮捕がPACE第25条における一般的逮捕条件の下でおこなわれた場合には，逮捕の根拠には，逮捕が必要とされた条件に関する説明が含まれなくてはならない。漠然とした，あるいは専門的な用語は避けるべきである。

10 C　黙秘からの不利益推論に関する制限（附則Cパラグラフ1参照）は，留置下になく，したがってまた望むならば法的助言を要求することが妨げられえない者に対しては適用されない。[パラグラフ3.21参照]

10 D　ある者が警告の意味を理解していないと思われる場合には，警告を与えた者は，自分自身の言葉で説明を与えるべきである。

10 E　取調中の休憩あるいは複数回の取調べの間に，記録された被疑者の供述に作用するなにごとも起きなかったことを裁判所に明示する必要があるかもしれない。取調中の休憩後あるいはそれ以後の取調べの開始時には，取調官は休憩の理由を要約し，これを被疑者に確認する。

10 F　1994年刑事司法及び公共秩序法第36条及び第37条は，警察官あるいは税務訴追局の職員によって逮捕され，逮捕した警察官あるいは税務訴追局職員または当該犯罪を捜査する者によって，関連する警告を与えられた被疑者に対してのみ適用される。これらの条項は，逮捕下にない被疑者に対しては適用されない。

10 G　本規程に含まれるなにものも，逮捕下にない者に対して，ある犯罪について訴追されるかもしれないという情報を与える場合に，警告が与えられあるいは繰り返されることを要請しない。しかしながら，当該人物が警告を与えられていない場合には，裁判所は 1994 年刑事司法及び公共秩序法第 34 条の下でいかなる推論も引き出すことはできない。

11　取調べ：総則

(a)　法的措置

11.1 A　取調べとは，単数あるいは複数の犯罪に対する関与あるいは関与の疑いに関する，ある者に対する質問であり，パラグラフ 10.1 のもと，警告下で実施されなくてはならない。ある者が取調べを受けるときはいつでも，その者は当該犯罪あるいはさらなる犯罪の本質について情報を与えられなくてはならない。1988 年道路交通法第 7 条あるいは 1992 年輸送工事法第 31 条のもとでの諸手続は，本規程の目的に鑑み，取調べを構成しない。

11.1　ある者の逮捕決定後，その者は，警察署あるいはその他の認可された留置場所以外で，関連犯罪に関して取り調べられてはならない。ただし，その結果生じる遅延により：

(a)　・ある犯罪に結びつく証拠に対する干渉，あるいはこれに対する危害；
・その他の者に対する干渉，あるいはこれに対する身体的危害；
・資産の深刻な損失，あるいはこれの損傷；

が導かれる

(b)　ある犯罪の実行の嫌疑をかけられているが未だ逮捕されていない他者の警戒が導かれる；又は

(c)　犯罪の実行の結果獲得された資産の回復を阻害する

可能性がある場合には，この限りではない。

ひとたび当該関連性を有する危険が回避されあるいは当該危険を回避するために必要な質問がなされたならば，これらの状況下での取調べは中止される。

11.2　警察署あるいはその他の認可された留置場所における取調べの開始あるいは再開の直前に，取調官は被疑者に対して，無料で法的助言を受ける権利を有すること及び法的助言を受けるために取調べが延期されうることを認識させる。ただし，パラグラフ 6.6 に定めのある例外が適用される場合をのぞく。取調官は，それらすべての注意喚起が取調記録に記録されることを保障する責任を有する。

11.3　［未使用］

11.4　被疑者に警告を与えた後（第 10 条参照），取調べ開始時に，取調官は，取調べ開始以前に警察官あるいは民間の面接者の面前でおこなわれ聴取され，かつ従前の取調べにおいて被疑者に対して告げられなかった，すべての重大な供述あるいは黙秘について，これを被疑者に告げるものとする（注記11 A参照）。取調官は被疑者に対して，従前の供述あるいは沈黙を追認するかあるいは否認するかについて質問し，かつ被疑者が何か付加したいと望むか否かを質問する。

11.4 A　重大な供述とは，被疑者に不利な証拠として用いられる可能性を有すると思われるものであり，特に有罪の直接的な承認を指す。重大な黙秘とは，警告下における，ある質問に対する無回答あるいは回答拒否又は十分な回答をしないことあるいは十分な回答の拒否を指す。重大な黙秘は，黙秘からの不利益推論に関する制限を考慮した上で(附則C参照)，1994年刑事司法及び公共秩序法第三部の下で不利益推論を惹起することがある。

11.5　いかなる取調官も，抑圧を用いて回答を獲得しあるいは供述を引き出そうと試みてはならない。パラグラフ10.9に定めのある場合をのぞき，いかなる取調官も，直接的な質問に対して回答する以外，質問された者が質問に回答し供述しあるいはそれらのどちらかを拒否するならば警察がどのような法的措置をとるかに関して示唆してはならない。質問された者が，質問に回答し供述しあるいはそれらのどちらかを拒否するならばどのような法的措置がとられるかに関して直接的に質問した場合には，取調官は，その者に対して，当該法的措置それ自体が適切かつ正当であることを前提として，警察が予定する法的措置について情報を与えてもよい。

11.6　ある者に対する，それについて未だ告発（charge）されておらずかつそれについて訴追されることがあるとの情報を未だ与えられていない犯罪に関する取調べあるいはさらなる取調べは，以下の場合に中止されなくてはならない。すなわち，捜査責任者である警察官が：

(a)　当該犯罪に関する正確かつ信用性のある情報の獲得に関連すると考えるすべての質問が被疑者に対してなされたことにつき満足する場合。ここには，無実である旨の説明をする機会を被疑者に与えること及び被疑者の供述の曖昧性の解消あるいは明確化等，被疑者の説明の正確性と信用性をテストするために質問することが含まれる；

(b)　その他の利用可能な証拠を考慮し；かつ

(c)　捜査責任者である警察官あるいは被疑者が留置下にある場合には留置管理官（パラグラフ16.1参照）が，当該犯罪に関して当該被疑者が訴追されたならば有罪とされる現実的な見込みを提供するに足る十分な証拠が存在すると合理的に信じる場合。［注記11 B参照］

このパラグラフは，税務事件においてまたは1988年刑事司法法あるいは1994

年薬物取引法の没収規定のもとで職務を遂行する官職にある者が，取調べ終了後，正式な一問一答形式の記録の完成を被疑者に促すことを妨げない。

(b) 取調べの記録

11.7 (a) 取調べごとに，正確な記録が作成されなくてはならない。このことは当該取調べが警察署で実施されたか否かを問わない。

(b) 当該記録には，取調べが実施された場所，開始及び終了時刻，取調中の休憩すべて，及びパラグラフ2.6Aの場合をのぞき，その場に現存する全員の氏名を記載しなくてはならない。また当該記録は，この目的のために定められた書式を用いて，あるいは取調官の警察官手帳上に，または実務規程EあるいはFにしたがって，作成されなくてはならない。

(c) いかなる書面による記録も，取調中に作成されかつ完成されなくてはならない。ただし，こうすることが可能でないかあるいは取調べ活動の干渉となる場合は，この限りではない。またいかなる書面による記録も，何が述べられたかに関する逐語記録あるいは，これがない場合には，取調べを適切かつ正確に要約した取調べの詳細な記録によって構成されなくてはならない。

11.8 取調べ中に書面による記録が作成されない場合には，取調べ終了後できる限り速やかに作成されなくてはならない。

11.9 書面による取調記録は，作成者によって，時刻が記載されかつ署名されなくてはならない。

11.10 書面による取調記録が取調べ中に完成されない場合には，その理由が取調記録に記録されなくてはならない。

11.11 そうすることが可能な限り，取調べを受けた者は，当該取調記録を読み，記録が正確であるとして署名するか又はどのように不正確であると考えるかを指摘する機会を与えられる。取調べを受けた者が文字を読めない場合または当該記録を読むことあるいは署名することを拒否する場合には，立ち会った上位階級の取調官が当該記録を読み聞かせ，それが正確であるとして署名あるいは印をつけたいと望むか否か，又はどのように不正確であると考えるかを指摘したいか否かを質問する。当該取調官は，取調記録自体に，何が起きたかを認証する。[注記11D参照]

11.12 適切な成人あるいは被疑者のソリシターが取調べに立ち会っている場合には，それらの者もまた，取調記録あるいは取調中に作成されたすべての供述書を読みかつ署名する機会を与えられる。

11.13 書面による記録は，被疑者によってなされたすべてのコメントからなる。そこには，取調べの文脈から外れてはいるが当該犯罪に関連性を有しうるような，要求によらないコメントが含まれる。そうした記録のいかなるものも，作成者によって時刻が記載されかつ署名されなくてはならない。可能な場合には，当該被疑者は当該記録を読みかつそれが正確であるとして署名しあるいはそれがどのように不正確であると考えるかを指摘する機会を与えられる。［注記 11 E 参照］

11.14　本規程にしたがって，ある者に対して取調記録への署名が要求され，これが拒否された場合には，すべての署名拒否がそれ自体記録されなくてはならない。

(c)　少年及び精神障害者あるいはその他の精神的に傷つきやすい（mentally vulnerable）者

11.15　少年又は精神障害者あるいはその他の精神的に傷つきやすい者は，パラグラフ 11.1 及び 11.18 乃至 11.20 が適用される場合をのぞき，適切な成人の立会なく，単数あるいは複数の犯罪への関与あるいは関与の疑いについて取り調べられ又は警告下での供述書の提供あるいは署名あるいは取調記録の提供あるいは署名を要求されてはならない。

11.16　少年は，例外的状況下でありかつ校長あるいはその任命を受けた者が同意した場合に限り，その者が教育を受ける場所において取調べを受けることができる。(両)親あるいは少年の福祉に責任を有するその他の者及び適切な成人が別人であるには適切な成人に対して，警察が当該少年の取調べを望んでいると告知するために，あらゆる尽力がなされるべきであり，当該適切な成人が当該取調べに立ち会う事を可能とするに足る合理的な時間的余裕が与えられるべきである。適切な成人の到着を待つことが不合理な遅延の原因となるならば，かつ当該少年が教育機関に対する犯罪の嫌疑を受けているのでない限り，校長あるいはその任命を受けた者が取調べの目的のために適切な成人の役割を果たすことができる。

11.17　適切な成人が取調べに立ち会う場合には，その者に以下の情報が与えられる：

- 適切な成人は，単なるオブザーバーとしてその役割を果たすことが期待されているのではなく；かつ
- 適切な成人が立ち会う目的は以下の通りである：
  - ～取調べを受ける者に助言する；
  - ～取調べが適切かつ公正に実施されているかを監視する；
  - ～取調べを受ける者との意思疎通を促進する。

⒟　**傷つきやすい被疑者－警察署における緊急取調べ**

11.18　以下に挙げる者は，警視以上の階級の警察官が，遅滞によりパラグラフ11.1⒜乃至⒞に定めのある結果が導かれると考え，かつ取調べによってその者の身体的あるいは精神的状態（附則G参照）に重大な危害が及ぼされないと満足しない限り，取り調べられてはならない：

⒜　取調べ時に適切な成人が立ち会わない場合には，少年又は精神障害者あるいはその他の精神的に傷つきやすい者；

⒝　⒜に挙げた以外の者で，取調べ時に

- 質問及び自分の回答の重大性が正しく認識できない；あるいは
- アルコール，薬物又は何らかの疾病，疾患または体調故に，何が起きているのかが理解できない；

と思われる者；

⒞　取調べ時に通訳人が立ち会わない場合には，英語の理解が困難であるか又は聴覚に障害のある者。

11.19　これらの者に対する取調べは，ひとたびパラグラフ11.1⒜乃至⒞に定めのある結果を回避するに足る十分な情報が獲得されたならば，継続してはならない。

11.20　パラグラフ11.18に定めのある者を取り調べるすべての決定の根拠について記録が作成される。

（指導注記）

11 A　パラグラフ11.4は，重大な供述及び重大な黙秘が，当該取調べの後の段階あるいはさらなる取調べにおいて，再び被疑者に告げられることを妨げない。

11 B　1996年刑事手続及び捜査法実務規程パラグラフ3.4は以下のように定めている。「捜査の実施にあたって，捜査官はすべての合理的な捜査線を追求すべきであり，それらが被疑者を指し示すか否かは問わない。何が合理的かは，個々の状況に依拠する。」取調官は，取調べにおいて何の質問をするか決定する際に，このことを念頭に置くべきである。

11 C　少年又は精神障害者あるいはその他の精神的に傷つきやすい者は，しばしば信用性のある証言を提供する能力を持つ。それにもかかわらず，これらの者は，そうと知らずにあるいは望まずに，一定の状況下で信用性がなく，誤導的あるいは自己負罪的な情報を提供するという顕著な傾向を有することがある。そうした者に質問する際には常に特別な注意を払うべきであり，かつその者の年齢，精神状態あるいは能力に関して何らかの疑義が存在する場合には，適切な成人が関与するべきである。信用性のない証言の危険故に，その者が認めたいかなる事実についても，可能ならばいつでも裏付けを獲得することもまた重要である。

11 D　そうすることが不可避である場合をのぞき，少年をその者が教育を受ける場所で逮捕するべきではない。その者が教育を受ける施設において少年を逮捕する場合には，校長あるいはその任命を受けた者は，それについて情報を与えられなくてはならない。

11 E　パラグラフ11.4に述べられた重大な供述は，いつでも，当該犯罪に関連性を有しており，記録されなくてはならない。被疑者が取調記録及びその他のコメントを読むことに同意し，かつそれが正確であるとして署名することに同意する場合には，たとえば「私はこれが私の発言に関する正確な記録であることに同意します。」等の言葉を書き記し，かつ署名を付するよう要求されるべきである。被疑者が当該記録に同意しない場合には，取調官はすべての不同意に関しその詳細を記録し，かつ被疑者に対してそれらの詳細を読み，それらが正確に被疑者の不同意を反映しているという趣旨で署名するよう要求すべきである。すべての署名拒否は記録されるべきである。

（山田・訳）

◆黙秘と不利益推論

イギリスでは，以下の通り，1994年刑事司法・公共秩序法で黙秘を不利益に扱うことを認めた（34条）。

「1項

犯罪に関する手続上，被疑者・被告人が，(a)犯罪について訴追される前に，当該犯罪がおこなわれたのかどうか，何人がおこなったのか捜査にあたる警察官がその旨伝えた上取り調べた際，当該犯罪に関する手続上自己の防御のために用いることのできる事実を述べなかったこと，(b)犯罪について訴追をうけた際，または起訴されることを正式に告知された際に，かかる事実を述べなかったことが証拠上明らかな場合であり，被疑者・被告人が取調べ，訴追，告知を受けたときに，かかる事実を述べることが当該情況に照らして合理的に期待できる場合であって，

2項

(a)　治安判事裁判所が1980年治安判事裁判所法43条6項により被疑者が行う公訴棄却の申立について判断する場合，

(b)　裁判官が，以下の法律に基づく申請を許可するかどうか判断する場合。(ⅰ) 1987年刑事司法法6条（同法4条により認められた管轄移転の告知に照らして，重大な詐欺罪の起訴を棄却する申請）。

（ii）1991年刑事司法法53章の第6スケジュール5項（同法53条による付託の告知がなされた，児童に関わる暴力犯罪または性的犯罪に関する起訴を棄却する申請）。

(c)　裁判所が，答弁すべき主張があるかどうか判断する場合。

(d)　裁判所または陪審が，被告人が起訴された犯罪について有罪か否か判断する場合。

供述しないことから適切に導くことのできる推論をしてもよい。

3項

供述しないことを証明する証拠は，裁判所の裁量に従い，被告人が説明しなかったとされている事実を証明する証拠の前か後に取調べをすることができる」。

他に，次のような詳細な規定が置かれている。

「36条

1項

(a)　警察官が人を逮捕した際，その者が，

（i）自己の身体

（ii）衣服または履き物

（iii）その他自己の所持するもの

（iv）逮捕時に現在している場所

に，物，物体，痕跡があり，またはそうした物に痕跡があって，

(b)　当該事件を捜査している当該警察官または他の警察官が，物，物体，痕跡が所在しているのは逮捕した本人が警察官の特定する犯罪に関与していることが原因であると合理的に信ずる場合であり，

(c)　警察官が，逮捕した人に対して，そうした判断を告げ，被疑者に物，物体，痕跡の存在の理由を求めていた場合，

(d)　相手が説明をせず，または拒んだときであって，

特定された犯罪に関する手続上，上記のものに関する証拠が提出されたのであれば，(2)項が適用される。

2項　本条は，以下の場合に適用される。

(a)　治安判事裁判所が1980年治安判事裁判所法43条6項により被疑者が行う公訴棄却の申立について判断する場合，

(b)　裁判官が，以下の法律に基づく申請を許可するかどうか判断する場合。

（i）1987年刑事司法法6条（同法4条により認められた管轄移転の告知に照らして，重大な詐欺罪の起訴を棄却する申請）。

（ii）1991年刑事司法法53章の第6スケジュール5項（同法53条による付託

の告知がなされた，児童に関わる暴力犯罪または性的犯罪に関する起訴を棄却する申請）。

(c)　裁判所が，答弁すべき主張があるかどうか判断する場合。

(d)　裁判所または陪審が，被告人が起訴された犯罪について有罪か否か判断する場合

供述しないことから適切に導くことのできる推論をしてもよい。

3項　1項，2項は，服装または履き物，それらに付着する物または痕跡の状況についても，適用がある。

4項　1項，2項は，警察官が1項(c)に基づく要求をする場合に，要求に応じない場合，あるいは要求に従わない場合に本条によって生じる効果を平明な言葉で被疑者に説明していない場合には，適用されない」。

（渡辺・訳）

第 2 章　取調べ可視化と捜査実務

——警察官の立場から

ブリストル市内の治安判事裁判所

第1節　取調べ録音と捜査実務

――エイボン・アンド・サマーセット警察本部 リチャード・バーネット警部に聞く

調査日　2002年7月8日
ブリストル市警察本部および警察署にて

はじめに

私たち一行は，2002年7月8日，ブリストル警察のリチャード・バーネット警部を訪ねた。

リチャード・バーネット警部は，1980年に警察官となり，現在は，留置政策担当官として主に警察行政を担当しているものであるが，PACE制定以前から警察官として実際の捜査を担当し，PACEがもたらした捜査方法の変化，とりわけ取調べの可視化がもたらした変化を知る格好の人物として，実際の経験に基づいて解説していただいた。特に，テープ録音がなされることを前提とした取調べが，被疑者の権利保護はもちろんとして，捜査側にも利点が少なくないことを知る人物である。

以下，内容を要約する。

インタビュー

＊本文中，**（調）**は調査団側の発言，**（バ）**はバーネット警部の発言を指す。

■ 調査の目的—日本の取調べの実情

（バ）　リチャード・バーネットです。皆さん，ようこそいらっしゃいました。

私はかつて留置管理官をしていました。現在は，「留置政策担当官」に任ぜられています。日常的には，様々な報告書を読んだりというような書類仕事を多くしております。留置の現場の仕事はしていません。

（調）　今日はありがとうございました。

まず，私たちが日本からやって来た理由を最初にご説明します。

現在日本では司法改革が行われようとしています。そこには取調べの可視化という大きな問題も含まれています。しかし日本では，いまだに取調べは可視化されていません。しかも被疑者は，23日間ほぼ毎日のように取調べを受ける。私たち弁護士は，それにより多くの虚偽自白が取られ，数々の誤判が生まれたと考えています。私たちは日本の政府に対して取調べの録音・録画を導入するように強く要求しています。しかし，日本の警察官や検察官は，それに対して強く反対しています。ですから，私たちは，イギリスの経験について研究し，その成果を日本の政府に紹介したいと考えています。

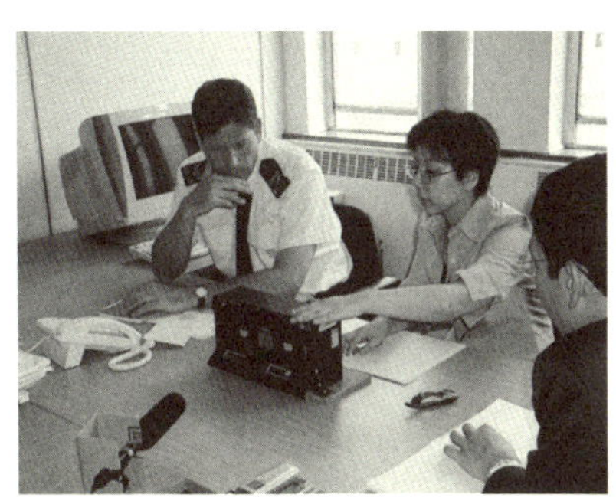

録音の機械

■ PACEと被疑者取調べ

（バ）　1984年以来，私たちの国では，PACEを遵守する形で全ての取調べが行われることになりました。全ての被疑者取調べはテープ録音されます。ですから，全ての警察署に，このテープ録音用の機械が備え付けられているのです。

すべての取調べは2本のテープで録音されます。そのうちの1本は，被告人の立ち会いのもとで封印されます。封印をしたテープは保管され，もしも裁判所が聞かなくてはならない場合には，そちらのテープが使われます。もう1本は警察，公訴局(Crown Prosecution Service・CPS)，被告人や，その弁護人によって使用されます。

私たちは，取調べのビデオ録画を行うこともあります。しかし，現時点ではビデオ録画が普通だというわけではありません。2，3年したら取調べのビデオ録画が普及して，全ての取調べがビデオ録画されるようになるかもしれません。しかし現在ではまだ非常に稀です。

テープ録音は全ての取調べに関して実施されています。

被疑者は，その処遇を注意深く観察される権利を持っています。

通常私たちは，告発(charge)の前は24時間までしか被疑者を留置できません。36時間まで留置を延長するためには，上級警察官の許可がなくてはなりません。治安判事の許可があれば最大96時間まで，告発の前に取調べをすることができます。

最大で96時間の留置期間が終了した時点で，告発するだけの証拠がない場合には，被疑者を釈放しなくてはなりません。

被疑者は，全ての取調べについて，弁護人を立ち会わせる権利を持っています。

18歳未満の被疑者に関しては，弁護人の他に，親や友人その他の，被疑者の利益を守る人を取調べに立ち会わせなくてはなりません。これは必ず立ち会わせなくてはいけないのであって，選択の余地はありません。

取調べの際には，休憩を入れなければいけません。もちろん夜は眠らせなくてはいけません。また，規則にのっとり食事もとらせなければなりません。そういうわけで取調べのための時間は最大で6時間か7時間しかありません。

取調べでは被疑者に圧力を加えてはいけないことになっています。先ほど日本では取調官が机を押しつけるという話がありましたが，そういうことは，私たちにはできません。

被疑者は質問に答えなくてもいいのです。それでも被疑者には，「取調べ中に一定の事項に関して説明をしなかった場合には，そのことが裁判所によって考慮されるかもしれない」と警告がなされます。

警察は被疑者を告発するだけの証拠があるかどうか判断しなくてはなりません。被疑者を釈放して，1，2週間または1ヶ月経ったら，また警察に来てくれと言う場合もあります。しかし，告発するだけの証拠がない場合に，被疑者を警察署に留置し続けることはできません。

告発するために十分な証拠が有るか無いかは，それらの証拠を裁判所が検討した時，被疑者を有罪とする可能性が有るか無いかということを基準に判断します。少ない証拠で被疑者を留置し続ける，つまり警察署内に閉じこめておくことはできないのです。

告発するだけの証拠があると警察が判断した場合にはいつでも，事件は公訴局に送られます。公訴局は治安判事裁判所に事件を送致する責任を持っています。

公訴局が警察に対して，もっと証拠をよこせと要求してくることもあります。証人を取り調べて証拠を集めたり，法科学的証拠とか，そういうもののことです。

もしも被告人が無罪答弁をした場合には，裁判が始まるまで数ヶ月の期間が置かれます。期間がどのくらいになるかは，事件の重大性や複雑性によります。

また，有罪答弁が行われた場合には量刑手続に移行します。その日数は，通常告発から2，3日で，被告人はほとんどの場合裁判所に2,3回出頭することになります。

(調)　PACEのもとで行われる取調べは，私たちから見るとよく分からないことがいくつかあります。それについてこれから質問しますので，お答えいただきたい。

あなたには黙秘権はありませんよ。

(バ)　おお，取調べですね。23時間でしたっけ。

(調)　違います。23日間です。

(バ)　何てことだ。休暇がとれないじゃないですか。

■ 自白獲得の重要性について

(調)　被疑者を取り調べるまでに，どのくらいの時間がかかりますか。

(バ)　そうですね，普通の単純な窃盗事件，例えば商店から物を盗んだというような場合には，店の主人から陳述を取りますから1,2時間かかりますね。もしも弁護士を呼んでくれといった場合は，テープ録音された取調べが始まるまでに3時間か4時間かかります。複雑な事情がないなら，1時間以内ですね。もしも殺人のような場合では，取調べをする前に16時間くらいとります。それは証拠を集めるのに，時間がかかるからです。

(調)　取調べはどれくらいの長さですか。

(バ)　大体，1回の取調べは2時間くらいかかります。そして被疑者が取調べで何を言ったかによって，証拠を集める必要が生じます。それで，また4時間後くらいに取調べをします。しかし，それが夜中だったりすると朝まで待たなければなりません。被疑者には寝る権利があるからです。もしも，24時間以上必要な場合には，上級捜査官に留置延長の許可を求めます。36時間以上取調べをしたいと考えた時には，裁判所の許可が必要です。ただし，それは普通ではありません。通常は6時間程度で，事案がより複雑であれば，もっと時間がかかります。

(調)　被疑者から自白をとるのは，やはり大事なことですか。

(バ)　テープ録音を導入してからは，自白は前より少なくなりました。私が警察に入った1980年には，まだ取調べのテープ録音は行われていませんでした。被疑者に質問をして，被疑者が何を言ったかメモをとったりしました。後に「そんなことは言わなかった」と言われることもしばしばありました。今の方がずっといいです。

(調)　しかし，テープ録音の有無にかかわらず，自白自体の重要性は変わらないのではないでしょうか。

(バ)　私たちは自白をとるために取り調べるのではなく，事実が何であるかを理解するために取調べをしているのです。私たちは事実を知る必要があるのです。裁判所は，自白と同様に，自白以外の証拠を必要と

します。自白だけでは不十分です。自白があればそれは事件の助けにはなりますが，それは一部にすぎないのです。

(調)　日本の警察も，建前としては，取調べは事実を明らかにするためだと説明します。しかし，本音では，被疑者から何とか自白をとりたいと考えて努力します。イギリスの警察官も，本音では，被疑者から何とか自白をとろうとする気持ちが強いのではないですか。

(バ)　私たちの事件の多くでは，被疑者は自白しません。しかし他に強力な証拠があれば，有罪判決が出ます。もしも他にほとんど証拠がないならば，自白はより重要な証拠になると思います。しかし，取調べ方法には厳格な限界が規定されているので，皆さんの国と比較すると，自白をとることはあまり期待できません。

(調)　PACE以降，自白がとり難くなったことによって，あなた方の証拠収集の方法や取調べの方法は変化しましたか。

(バ)　私たちは，取調べの方法について訓練を受けています。被疑者に心を開いて話させる方法を学びます。信頼を得るために，被疑者を脅したり強制したりすることはありません。私たちは被疑者に対して，とてもフレンドリーです。

(調)　本当ですか。

(バ)　本当ですよ。時には，そうした方法が有効に機能します。しかし，多くの被疑者は，黙秘や否認を選択します。ですから，私たちはほかの証拠から犯罪を証明しなくてはなりません。個人的には，皆さんの国と比較して私たちの国の刑事司法システムでは，自白の重要性はかなり低いと思います。

(調)　たとえば，現行犯逮捕を増やすとか盗聴を多く実施するなど，捜査方法に変化はありましたか。

(バ)　最近では，法科学的な証拠について重要性が高まっています。指紋やDNAがとても重要です。逮捕前にできるだけ多くの証拠を収集しようと努めることがしばしばあります。逮捕以後の，警察の手持ち時間が短いので，逮捕前に証拠をできるだけ集めるのです。現行犯逮捕をすることもあります。そういう場合には，逮捕時に証拠を収集できないので，釈放して再度警察に出頭するように指示することもあります。

■　インフォーマルな取調べ

(調)　逮捕が慎重になるということは理解できますが，逮捕前に，被疑者を取り調べることはありますか。

(バ)　あります。もしも警察が，ある人が罪を犯しているのではないかという疑いを持ち，その犯罪について何らかの質問をしたい場合には，私たち警察は警告をしなければなりません。なぜなら，警告をしなかった場合に，その証拠を裁判所に提出することはできないからです。警告が行われて以後の質問は，「取調べ」にあたるため，すべてテープ録音されなくてはなりません。犯人かどうか分からない人に話を聞いているうちに，「犯人かもしれない」と思うようになったら，私たちは警告をしなくてはなりません。

(調)　警告をする前のテープ録音はないのですか。

(バ)　ないですね。裁判所に提出される証拠はすべて，警告を受けた後のものです。ただし，例外もあって，逮捕後に被疑者と警察官が何か会話をした時には，テープ録音をしている取調べの中で，前と同じ質問がなされます。そして，「これは，あなたが前に言ったことですか」と取調官が聞きます。

(調)　日本の警察官は取調べで何とか自白を得ようとしています。その上で，今のお話を伺うと，イギリスの警察官も，正式な取調べの前にいろいろな話を聞いてしまおうとしているのではないかと感じられます。そのようなことは行われているのか。

(バ)　それはそうです。私たちも正式な取調べの前に，できるだけ多くのものを手に入れようとはします。取調べを開始する時には，私たちはすでに多くのことを知っているのです。

■　自白の任意性の争い

（調）　PACE 以前には，被疑者が「無理矢理自白を取られた」と主張することは多かったのですか。

（バ）　PACE 以前は，重大事件について有罪判決を受け，その後釈放された多くの人々が，自分は脅されて自白をしたのだと言いました。しかし，PACE 以後は，そういう人の数は少なくなりました。警察の取調べで被疑者を脅したりすることが，ほとんど不可能になったからです。テープ録音されたり，弁護人の立ち会いがありますから。

（調）　PACE 以前は，取調べ状況を証明するために，取調官が裁判所で証言することは多かったのですか。

（バ）　しばしばありました。警察官が取調べで言ったことに関して，被告人が同意しないことも多かったのです。しかし，裁判所はしばしば任意性を認めました。いつもそうだ，というわけではありませんよ。でも，そういうことは多かったですね。1980 年に私が警察に入った頃は，取調べをした後で，被疑者が何を言ったのかメモを作りました。私は決して「でっち上げたい」とは思っていませんでした。でも，被疑者の言ったことを全部覚えていないこともあります。ですから，そう，テープ録音がなかった，そんな時代に逆戻りするなんて想像もつきませんね。

（調）　PACE 以降は，警察官が裁判所に呼ばれることはないと理解していいのですか。

（バ）　取調べのことで裁判所に呼ばれることは，普通はありません。他の理由ではありますが。通常は，取調官が取調べで何を言ったのか，ということは裁判所に受け入れられています。

（調）　警察にとって，事件がどのようなものかを知るために，テープ録音はよいことであると思いますか。

（バ）　テープ録音の導入によって，自白をとるのは難しくなりました。しかし，法廷での争いは減りました。ですから，司法の利益という点では，よいことでしょうね。警察官は，昔はどんなふうだったか忘れてしまいました。もはや問題にもなっていません。というのも，ほとんどの警察官は，テープ録音しか知りませんから。昔のやり方を知っているのは，私のような古い人間だけです。

(調)　では，繰り返しになりますが，ずるをしてテープ録音せずに供述をとることはあまりないのですか。

(バ)　私たちは今でも，逮捕前にはテープ録音をせずに人々から話を聞きます。軽微な事件の時や，その人の自宅で話を聞く時もそうです。質問を書いて，それに対する答えを書いて，署名して。しかしそうしたプロセスは，とてもノロノロしていて時間がかかります。普通だったら，逮捕前でもテープ録音機を持ち込んでしまいます。今でも書面を作ることも，時にはあります。しかしその場合でも，被疑者が署名しますので，それが問題になることはありません。

■　弁護人立会について

(調)　取調べへの弁護人立会に対しては，どう感じていらっしゃいますか。取調べのじゃまであると感じていますか。

(バ)　そうは思っていません。私の国では，法律家というのは高度にプロフェッショナルな人々ですし，一般的に警察からも大変尊敬されています。必ずしも全ての警察官がそう思っているわけではありませんが。私たちは立場が逆ですからね。ただ，私たちはソリシターが警察署にいることに慣れています。それが普通なのです。

(調)　被疑者の中で，ソリシターを取調べに立ち会わせたいと希望する者の割合はどのくらいですか。

(バ)　おそらく50%以上です。無料だから，割合が高くなるのだと思います。もしも無料でなかったら，もっと割合は低くなるでしょうね。

(調)　実際にソリシターが取調べに立ち会う割合はどれくらいですか。

(バ)　もし被疑者が立ち会いを求めたら，いつでもソリシターはやって来ます。

(調)　ソリシターが忙しくて，警察署に来られないことはありますか。

(バ)　ソリシターが忙しくて，来るのが遅れることも時にはあります。また，ソリシターが忙しいときには，クラーク（clerk）*が代わりにやって来ます。クラークは法廷には出られませんが，警察署はいいのです。弁護人が来るのを待って，1，2時間過ぎてしまうこともあります。「もう弁護人はいなくていいから，取調べをしてくれ」と言う被疑者もいます。しかし，そうしていいかどうかは，上級警察官に尋ねなくてはいけません。ですから被告人側は，立ち会いなしの取調べに関して，「警察によって強制された」とは言えないのです。

(調)　取調べに立ち会うソリシターが優秀かどうかは，すぐ分かりますか。

(バ)　分かりますね。

(調)　立ち会ったソリシターはどのようなことを言うことが多いのですか。

(バ)　ソリシターが警察署に到着すると，最初にソリシターは，警察官に対して事件の概要を質問します。ソリシターに聞かれたからといって，警察官がすべてのことを話すというわけではありません。しかし，被疑者の不利益になる証拠の主要な点については話します。その後，ソリシターは被疑者と二人だけで打ち合わせをします。打ち合わせが終わると取調べが開始されます。取調官が質問するときに，被疑者の代わりにソリシターが答えることはできません。しかし，特定の質問について答えないように被疑者に助言することは可能です。または，取調官に対して，次の質問に移るよう求めることもあります。次の質問に移るかどうかは，取調官に任されています。取調べは普通はフレンドリーなのですが，ソリシターは被疑者の側に立ちますからね。

* 編注　「クラーク」は法曹としての資格を持たない法律補助職。通常は，ソリスター事務所職員。「パラリーガル（paralegal）」（104頁）と同義。

■　弁護人接見と取調べ

(調)　被疑者とソリシターの二人だけの打ち合わせ，すなわち接見にはどのくらいの時間をかけているのですか。

(バ)　時間制限はありません。普通は20分くらいでしょうか。重大かつ複雑な事件の時にはもっと長く打ち合せをしています。

(調)　接見が長引いたせいで，取調べの時間がなくなることはありませんか。

(バ)　警察官は，接見が終わるまで待たないといけません。唯一の問題は，取調室が他の人の取調べのためにふさがってしまうことです。ですから，ソリシターが私たちにしばしば尋ねるのは，他に取調べ予定が入っているかどうかということです。というのも，警察署によっては10人も留置されているのに取調室が1つしかないこともあるからです。

■　黙秘権の制限立法について

(調)　黙秘から不利益な推論ができることになりましたね（注44頁参照）。

(バ)　1994年刑事司法・公共秩序法が成立し，こうした不利益推論が導入された目的は，被疑者が取調べにおいて，単純に取調官の質問すべてに対して回答を拒否できないようにすることでした。もしも被疑者が特定の質問に答えたいときは，彼らは取調官によって以下のことが告げられなければならなりません。

すなわち，裁判所が被疑者の黙秘を考慮するのは特別な事柄に関してのみであって，指紋があった場合など，犯行現場に犯行時刻に被疑者がいたと認められた場合に限って，被疑者が何も説明しなかったならば，裁判所はそれを考慮するということです。それ以外の場合には，裁判所は被疑者の黙秘を考慮しません。このことは，実務規程Eの4.3Cに書かれています。

(調)　1994年刑事司法・公共秩序法以降，被疑者の黙秘の率に変化はありましたか。

(バ)　影響は小さかったですね。警察の観点からは，裁判所は当初期待されたよりもこのことを考慮に入れていません。いくらか影響は見られるけれども。

(調)　現状は不満ですか。

(バ)　ええと，そうですね，私としてはこの法律はもっとうまい具合に書かれてもよかったと思います。もっと強力なものになってもよかったはずです。警察からすれば，もっと説明がほしいのです。

■　捜査段階の証拠開示

(調)　告発以前の証拠開示についてお尋ねします。どの段階で，どの程度の証拠開示を行うのか具体的に教えていただけますか。

(バ)　告発前には，私たちは書面化された証拠をそれほど多く持っているわけではありません。しかし，証拠の主要な点は開示する必要があります。そうでないとソリシターは取調べをやめろと要求してきたり，そういう助言を依頼人にしますから。

店から何かを盗んだというような簡単な事件であれば，私たちはソリシターにこのようなことを言います。「店主が見た犯人の着衣は，あなたの依頼人のシャツやズボンと似ていた」「他にも目撃者がいる」と。もしも被逮捕者が被疑事実について認めた場合には，ほとんどのことを話しますね。すべてを話すわけではありませんが，主要な点については言います。

何をどれだけ話すかは，実際のところ警察官が判断します。その判断というのは，非常に高度にプロフェッショナルな判断です。

もしソリシターにほとんど言わないと，取調べは困難になります。というのも，彼らは「そのことについて依頼人と相談する機会が持てなかった」と主張しますから。要するにバランスの問題です。

(調)　証拠の主要な点の開示は，口頭で述べるだけですか。実際に供述調書を開示するわけではないのですか。

(バ)　私たちは，告発が行われた後に調書を開示します。告発前でも調書を開示することは可能ですが，普通はしません。

告発後，裁判所に出頭する前に調書は開示します。

(調)　口頭で説明するだけでは，説明したか否か問題が起こることがあるのではないですか。

(バ)　あり得ることです。しかし，もしもソリシターがそう考えるのであれば，取調べを中止させて，被疑者と接見するでしょう。それが普通です。

(調)　では，目撃証人が何人いて，どんな人物か，それは誰か，どんなことを話しているのかというようなことは，ソリシターに要求されたら説明しないといけないのですか。

(バ)　そんなに詳細には話しません。「目撃証人がいる」とは言いますが，それが10人いる，とは必ずしも話しません。詳細を話すのではなく，主要な点を話すのです。

(調)　「主要な点」とは何ですか。

(バ)　「主要な点」というのは，「何が起きたのかを，見ていた人がいる」ということです。それが誰かということは言いません。

(調)　「目撃証人は誰なのか」とソリシターに質問されたら，教えるのですか。

(バ)　この段階では教えません。告発されたら，ソリシターはすべての供述調書を入手することができますから。でも取調べ段階では，供述調書をすべて手に入れることはできません。その内容がどんなものであるか，大まかなことは知ることができますが。

(調)　ありがとうございました。

(バ)　こちらこそ。何かあとで分からないことがあったら，いつでも聞いてください。

第2節　進化する取調べ技術
——テムズバレー警察本部，重大犯罪局クライブ・デントン刑事に聞く

調査日　2002年7月12日
オックスフォード市所在のセイント・アルデート警察署にて

はじめに

私たち一行は，2002年7月12日，テムズバレー警察本部でオックスフォード市所在のセイント・アルデート警察署を訪ねた。

録音により，警察における取調べ実務は大きく変わった。たとえば，イングランドの警察は，200頁に上る取調べマニュアルを作成し，取調官に対する研修を行っている。その結果，警察における取調べ技術は，劇的に進化することとなった。

同署では，クライブ・デントン刑事をはじめ，一線で活躍する刑事らが，録音下における取調べの実際を，模擬取調べによって再現してくれた。録音下における権利告知の実際や，取調べ技術進化の一端を知る上で，貴重な資料である（なお，クライブ・デントン刑事は，2003年3月25日，日弁連クレオ講堂で開催された「取調べ可視化シンポジウム」で講演され，次いで同月28日，大阪で開かれた「第8回国選弁護プレシンポジウム『取調べの可視化と捜査弁護の深化』」でも講演された）。

インタビュー及び模擬取調べ

＊（調）は調査団の発言，（警）はテムズバレー警察本部側の発言を指す。

■ 調査の目的―被疑者取調べの可視化

（調）　私たちがイギリスに来た目的について簡単に説明させていただきます。日本では，現在，司法手続を改革しようとしています。その一つの問題点として，捜査段階での警察での取調べが外から全く見えないことがあります。日本では取調べが録音されることも録画されることもありません。しかも，最大23日間警察で拘束された上，一日何時間にもわたって取調べを受けることになります。しかも，弁護士は立ち会いません。時には，弁護士の接見も時間制限を受けたりします。説明するのも非常に恥ずかしいことです。

私たち日本の弁護士は，取調べの過程を録音すべきである，録画すべきであるという主張をしています。しかし，日本の法務省は，それに強く反対しています。そこで，イギリスでのPACE以降の経験を日本に紹介して，日本にもテープ録音を導入してもらおうと考えています。

日本の警察も取調べのテープ録音に反対しています。

ですから，イギリスの警察がPACEの後でも，適切に捜査・取調べができていることを学びたいので

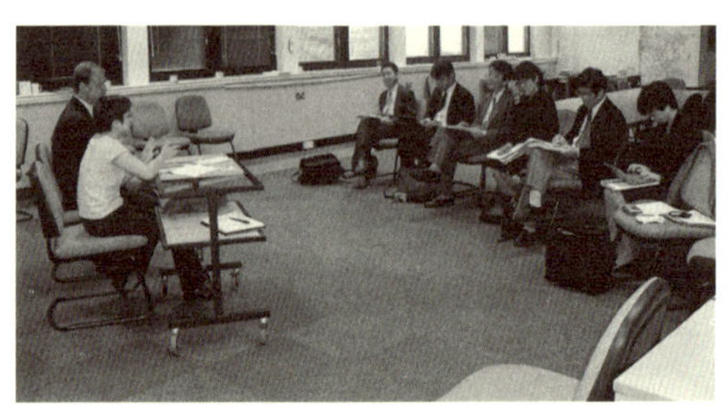

す。それが，私たちがここにお伺いした理由です。

■ PACEと被疑者取調べのテープ録音

(警)　みなさんはすでに，PACEについてご存知のことと思います。この法律は，警察活動に関して，さまざまな事項を効果的に規定しているものです。

一般人を停止させその身体を捜索すること，また住居についての捜索，被収容者に関する留置および取り扱い，人物識別手続，取調べのテープ録音などです。時間の関係でこれらすべてをお話しすることはできません。そこで，取調べと人物識別について焦点を絞ってお話ししようと思います。

PACEの下には，実務規程が置かれています。実務規程にはAからEまでの5種類があります。そして，実務規程のEは，被疑者の取調べについて定めています。これから簡単に説明をして，その後模擬取調べを実演してお見せしようと思います。

すべての取調べにおいてテープ録音がおこなわれます。その際，同時に2本のテープに録音がなされます。録音されたテープのうちの1本は，取調べ後に完全に封印されます。私たちが実際に使用するのは，封印しなかったもう1本のテープです。

封印されたテープはマスター・テープと呼ばれ，真に必要とされる時まで，こちらのテープの封印が解かれることはありません。封印が解かれる場合の手続も定められています。その際には，被告人側弁護人や公訴局のメンバーが立ち会わなくてはなりません。

実務規程には，すべての取調べはテープ録音されなくてはならないと定められています。しかし，いくつか例外があります。それは絶対に訴追が行われないことが明らかな場合です。例えば，11歳の少年が万引きをして逮捕された場合です。私たちは少年を裁判所に連れては行きません。もう一つの例としては，録音機が壊れてしまって，容易に修理ができない場合があります。

しかしながら実務上は，私たちはすべての取調べについてテープ録音をおこなっています。それは，被疑者が任意に警察に出頭してきた場合でも同様です。申立された犯罪に関して取調べがおこなわれた場合は，取調べがテープ録音されます。

実務規程はまた，取調べを受けるすべての者に，ソリシターなどの法律家を取調べに立会わせる権利があると認めています。ソリシターが取調べに立ち会うために警察署にやってくることはよくあります。取調べが開始される時には，イギリスの法律では，被疑者は警告を受けなければなりません。警告の中で，被疑者は，意思に反して何も言う必要がないと告知されます。このことは，後でおこなう実演でも見ていただけます。

また，実務規程は取調べ時間についても述べています。一般的には，一回の取調べは，45分テープ2本以下におさめることになっています。これは休憩を取るまでの取調べ時間です。もちろん，被疑者は，複数回取調べを受けることもあります。しかし，私たちが被収容者を警察署に留めておけるのは，一般的に24時間までです。24日ではありませんよ。

取調べの最後に，すべての被疑者は，取調べ中の自分の供述に付け加えをしたり，供述を変えてもいいのだということを，取調官によって告げられます。そうすることで，被疑者に自分の行動の理由を説明する機会を与えるのです。すなわち，被疑者は刑罰軽減の機会を得ることができるのです。

このように，取調べ手続のすべてが非常に可視化されており，オープンなものとなっています。そしてすべての事柄が被疑者の立会のもとでおこなわれます。例えば録音テープもすべて被疑者の目の前で封印されて，署名がなされます。こうしたことの目的は，手続に対する信頼性の確保です。それにより人々は，正確な取調べ状況がそこに記録されていると信じるのです。

■　質疑—取調べの立会，留置期間など

(調)　実際にソリシターが取調べに立ち会うのは，この警察署ではどれくらいの割合ですか。

(警)　約四分の三，つまり75％くらいです。

(調)　高い割合ですね。

(警)　常習的な被疑者であればあるほど，被疑者は弁護人を要求しま

す。

(調)　複数回取調べをすることもあるそうですが，24時間以内の留置でいちばん多い場合には何回くらい取調べを行うのでしょうか。

(警)　最高で何回の取調べが許されるかについての規定はありません。しかし私の経験では，普通は2，3回以上はしません。一番多いのが，1回だけ取調べがおこなわれる場合です。取調べ回数の上限は規定されていませんが，もちろん，すべてを24時間以内に終わらせる必要があります。

(調)　24時間以上の身体拘束が許される例外的な場合はどのくらいの割合ですか。

(警)　殺人等の重大事件では，24時間以上の身体拘束が許可される割合は高いですが，万引き等の重大性の程度が低い犯罪では，割合は低くなります。ほとんどの被疑者の身体拘束は12時間以内ですが，重大事件ではそれ以上になります。

(調)　75%の被疑者が取調べに弁護人を立ち会わせるということですが，取調べ前の弁護人の接見時間というのは，どれくらいとっていますか。殺人事件等の重大な事件について，弁護人が1時間くらい取調べの前に接見をするというのは，取調べのじゃまになりませんか。

(警)　2点あげられます。まず，弁護人が警察署に到着するまでに時間がかかるということ，そして弁護人が接見に時間をかけることについて，私たち警察官はとてもフラストレーションを感じることがあります。それは，私たちには時間の制限があるのに，そうしたことで時間を取られてしまうからです。

そこで，弁護人が到着するまでの時間や接見の時間を除外して，時間制限を設定しようという動きが政府の中にあります。というのは，取調べ時間を短くするためにわざと遅れてくる弁護士も，中には，いるからです。ですからシステムを保護する手段を講じることが重要なのです。23日は長すぎるし，24時間は短すぎる。2日か3日くらいがちょうどいいと思いますね。

(調)　殺人事件のような場合に，留置時間が36時間まで延長されるのは普通ですか。

(警)　まず24時間身体拘束することができます。その後，申立をして，警視の許可が出れば留置時間を延長することができます。その後，治安判事に申立をして，治安判事の許可が出れば延長することができます。しかし申立をする場合には，延長が必要な理由がなくてはなりません。十分な理由がなければ延長はできません。留置時間は最大で96時間です。

■　模擬取調べの実演

（警）　これからお見せするのは，警察での取調べの基本です。

録音機は取調室に備え付けられているものもありますし，持ち運びできるものもあります。では，私たちの取調べがどのように行われるかお見せします。机上の機械は持ち運びできるものです。

クライブ・デントンは，犯人であることが明らかな人の役を演じてくれます。

取調べは，進んでは戻り，また進むという感じでおこなわれます。

取調べの開始前には，取調べの構想立てと準備がおこなわれます。このパートは最も重要です。

そこでは取調官であるペニーとトニーが証拠について検討し，取調べの目的を決定します。その後，物的証拠を検討します。そうして犯罪に関して証明すべき点をおさえるわけです。こうして準備段階が終わり，クライブ・デントンを取り調べる準備が整うわけです。

もし，被疑者が，弁護人を取調べに立ち会わせたいと言った場合には，ソリシターが被疑者の隣に座ります。また，被疑者が18歳未満の少年である場合には，「適切な成人(appropriate adult)」が立ち会います。そのため，時に取調室が混雑するときもあります。

【模擬取調べ】

刑事役

　トニー刑事……以下，（ト）

　ペニー刑事……以下，（ペ）

被疑者役

　クライブ刑事……以下，（ク）

トニーがカセット・テープの包み紙を破り，録音機にセットする

（ペ）　OK。クライブ，あなたは今まで取調べを受けたことがありますか。

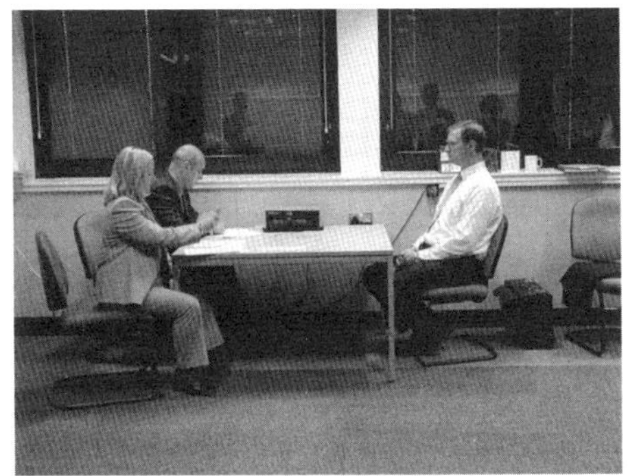

模擬取調べの様子

（ク）　いや……，ないです。

（ペ）　それでは，取調べをはじめる前に，机の上にある録音機の説明をしますね。この録音機にはカセット・テープが2本入っています。いったん録音が開始されたら，あなたが言ったことはすべて，このカセット・テープに録音されます。

（ク）　OK。

（ペ）　取調べの様子はすべて，この録音機のカセット・テープに，適切に録音されます。理解できましたか？

（ク）　OK。

（ペ）　では，取調べをはじめていいですか。

（ト）　どうぞ。

（ペ）　OK。この取調べはテープ録音されています。私は識別番号DC 1477のマッキントッシュです。私は今，オックスフォード警察署の第1番取調室にいます。現在の時刻は午前11時20分，今日は2002年7月12日の金曜日です。あなたのフル・ネームを言ってもらえますか。

（ク）　クライブ・リチャード・デントンです。

（ペ）　生年月日はいつですか。

（ク）　1960年11月24日です。

（ペ）　私の横にいる者が取調べに同席することに同意してもらえますか。

（ク）　はい。

（ト）　私は，識別番号DC 3564のトニー・スコットです。

（ペ）　クライブ，これからあなたに認められている「無料で法的助言を受ける権利」について説明しますので，聞いてください。あなたには，無料で法的助言を受ける権利があります。もしあなたが法的助言を受けたいと望むならば，あなたがソリシターまたは法的助言者と話しおわるまで，取調べは延期します。理解できましたか。

（ク）　分かりました。

（ペ）　あなたがソリシターをこの場に呼びたくない理由を話してもらえますか。

（ク）　もう捕まってしまったし，ソリシターは必要ありません。

（ペ）　OK。でも，取調べの途中で気が変わって，ソリシターを呼んで取調べに立ち会わせたり，他の人の立会なくソリシターと相談したいと思った時には，いつでも言ってください。私たちは，いつでも取調べを中止して，あなたの望み通りにします。理解できましたか。

（ク）　ああ，分かりましたよ。

（ペ）　OK。それから，取調べの最後に，テープと録音機に関する手続について，それから，今後あなたが録音テープのコピーにどのようにアクセスするかについて説明する告知書（notice）をお渡しします。

（ク）　［うなずく］

（ペ）　では，これからあなたに警告します。あなたは何も言う必要はありません。しかし，後になってあなたが法廷で主張しようとする事柄について，質問されたのに答えなかった場合には，そのことがあなたの防御活動に不利になる可能性があります。あなたの言ったことはすべて証拠となる可能性があります。理解できましたか？

（ク）　はい。

（ペ）　私が言ったことを，すべて理解しましたか。

（ク）　理解しました。

（ペ）　あなたは，ソリシターの立会なく，この取調べがおこなわれることに同意しますか。

（ク）　はい。

（ト）　OK，クライブ。君をクライブって呼んでいいかな？

（ク）　どうぞ。

（ト）　昨日，つまり7月11日に乗用車が一台盗まれた。日産サニーだ。登録番号は，ABG 970 X。車は時価1000ポンドだった。君によく似た男が，ガレージからその車を盗んだのを目撃されている。このことについて，何か言うことはあるかい。

（ク）　あぁ…，それは私です。

（ト）　そうか，君か。君がしたことを話してもらえないか。

（ク）　車内に鍵がついたまま，ガレージに置いてあったんです。それで…今考えると馬鹿みたいだけど，盗みました。ちょっと盗んだんです。盗んで，家まで乗っていったんです。

（ト）　なるほど。盗んだ時，誰かと一緒だったのかい。

（ク）　いいえ。

（ト）　その時，ガレージで何をしていたんだい。

（ク）　何って，私は家に帰る途中でした。家に向かっていて…馬鹿みたいだけど…よく分からないです。

（ト）　ガレージから家まではどのくらいの距離なんだい。

（ク）　５マイル。

（ト）　５マイルね。それで君は，家まで５マイル歩こうとしていたわけだ。

（ク）　はい。

（ト）　本当に？

（ク）　本当ですよ。

（ト）　君はどこにいたんだ？

（ク）　私は，友達の家にいたんです。家に帰ろうとしていて，でも車がなくて，それで…それでちょっと車を盗んだんです。

（ト）　この車を特に選んだ理由は何だい。

（ク）　他に手頃な車が見あたらなかったから。

（ト）　車は車両展示場のガレージに入っていたんだよ。

（ク）　でも鍵が車内についていたし。

（ト）　車の鍵は，事務所の中に置いてあったんだ。

（ク）　…［沈黙］…

（ト）　君は，純粋に車を盗む目的でガレージに侵入したんじゃないのか。

（ク）　…［沈黙］…

（ト）　ただガレージの前を通り過ぎただけではないね。

（ク）　…違います。

（ト）　事務所に入って，鍵を盗んだんだね。

（ク）　…そうです。

（ト）　それで，君は車を盗んだ。

（ク）　そうです。

（ト）　車内には鍵はついていなかった，そうだね，クライブ。

（ク）　そうです。

（ト）　車をどうするつもりだったんだ。

（ク）　売るつもりでした。

（ト）　売るつもりだった？　いくらで？

（ク）　えぇ，それは，だから，その，まだ誰に売るかも決まってなかったし，そう，多分，200ポンドか300ポンドくらいで…。

（ト）　200ポンドか300ポンドね。車の時価は1000ポンドだ。

（ク）　そう…それはすごいや。いい車だからね…。

（ト）　今までにも，こういうことをしたことはあるのかい。

（ク）　ありません。

（ト）　本当にないのか。

（ク）　ないです。馬鹿みたいだけど，こういう悪いことをしたのは初めてです。

（ト）　だったら，どうして今回はこんなことをしたんだ。

（ク）　…［沈黙］…

（ト）　自分でも分からないか。車を盗んだ理由について，何か説明できることはあるかな。

（ク）　金が必要だった。

（ト）　今，働いているのか。

（ク）　いえ。

（ト）　家族はいるの。

（ク）　いない。

（ト）　借金があるのか。

（ク）　まあ。

（ト）　どうして，特にこの車を狙ったんだ。

（ク）　この車にした理由ですか…それは…その時，ちょっと思ったんです…ああ，これは売りやすそうな車だな，って。

（ト）　それで，君は今，車を盗んだ罪で捕まったわけだけれども，今，そのことについて，どう感じているか聞かせてもらえるかな。

（ク）　動揺しています。とっても。

（ト）　君が盗んだ車は今，どこにあるんだい。

（ク）　近所に住んでいる友達の，家のガレージの中です。

（ト）　車に傷なんかはつけたか。

（ク）　つけやしませんよ，そんなもの。私はただ事務所の中から持ち出した鍵を使って，盗んだだけなんですから。

（ト）　だったら，その車は原状のままで持ち主に返せるね。

（ク）　そう。無傷だよ。

（ト）　そうか。君は，人の所有物を盗むのが犯罪だということは知っているね。

（ク）　［小さくうなずく］

（ト）　知ってるね。

（ク）　…［沈黙］…

（ト）　OK。ありがとう。［ペニーに向かって］何か他に聞くことはあるかい。

（ペ）　あなたの他に，この犯罪に関わった人はいますか。

（ク）　いません。

（ペ）　あなたが車を盗もうと決心したのはどの段階でしたか。

（ク）　それは…盗もうとして盗んだから…。

（ペ）　盗んだ車は友人の家のガレージにあるんですね。

（ク）　そうです。

（ペ）　その友人というのは誰ですか。

（ク）　名前は言いたくありません。

（ペ）　OK。この取調べの中であなたが述べたことについて，何か明確にしたいとか，または付け加えたいと望む点はありますか。つまり，言ったことを変えたり，付け足したりしたいということです。

（ク）　こんな…こんなことをして悪かったと思っています。金が必要だったんです。

（ペ）　OK。録音テープのコピーの送り先は，あなたにしますか。それともソリシターがいいですか。

（ク）　私は外に出られますか。

（ペ）　留置管理官と話して彼の決定を聞くまでは，私たちは確かなことは言えないんです。後で決めたいとあなたが望むなら，それでもいいですよ。

（ク）　外に出られるなら，私あてに送ってください。

（ペ）　OK。フォームに署名してください。そうしたら，あなたに録音テープのコピーを送ります。

（ク）　［うなずく］

（ペ）　OK。これで取調べを終了します。現在の時刻は，11時25分です。録音機のスイッチを切ります。

（取調べ終了）

■　模擬取調べをみて

（警）　こういう取調べは毎日行われています。こんなに，すぐに認めてしまう被疑者はしばしばいるわけではありませんが。

私たちは，被疑者に話をさせるようにという訓練を受けています。これは，認知的取調べ（cognitive interview）と呼ばれています。一連の出来事について，被疑者に話をさせていくという手法です。

見ていただいたように，ペニーとトニーは被疑者に事件のポイントに関して，明確な答えをする機会を与えるような質問の仕方をしています。

この取調べの最初のアクティブなパートは，取調べの関与及び説明段階（engage and explain stage of interview）と呼ばれています。それはオフィシャルな取調べの導入パートで，そこでは取調べに参加している人々が自己紹介し，被疑者に対して権利を告知します。

それから，釈明段階（account stage）に入ります。模擬取調べでは，被疑者には供述の意思がありました。しかし，もしも被疑者が供述したくないと思ったり，真実を語ることを躊躇する場合でも，私たちは，いくつもの利用可能な戦略を持っています。質問の手法がいろいろとあるのです。しかし，取調官であるペニーとトニーは，取調べにおいて嘘をつくことは許されていません。また，被疑者に対して圧力を加えることも許されていません。

私たちの戦略というのは，まず「沈黙時間」の利用です。これは，話をしたいかもしれない被疑者に対して，話す時間を与え供述を引き出すために有効な方法です。

そして，「開かれた質問（open question）」と「閉じられた質問（closed question）」の組み合わせ，ということも戦略のひとつです。あなたは車を盗んだんですか，といったようにイエス，ノーで答えられるような質問が「閉じられた質問」であり，あなたは今日何をしたんですか，といった質問は「開かれた質問」にあたります。「閉じられた質問」は，事件の内容を釈明し，明確にするために有効なのです。

最終段階は，取調べの締めくくり（closure）です。先ほど見ていただきましたが，取調官であるペニーは，この段階で供述を要約し，時間や場所などを告げました。

取調べ手続の一番最後は，取調べでどのような情報がもたらされたかを評価する段階です。殺人事件のようにもっと深刻な事件の場合，取調べの中でいろいろな事実が浮かび上がってくるのです。そうしたわけで，捜査全体に関して，取調官が重大な役割を担うことになります。

また，被留置者の取り扱いはヨーロッパ人権条約によって定められており，私たちは非常に気をつかっています。ヨーロッパ人権条約は，私たちの実務に大きなインパクトを与えています。

■「沈黙」の活用

(警)　否認する被疑者に対し,「沈黙」を活用して供述を引き出す取調べを実演してみます。

【模擬取調べ・その2】

(ト)　某月某日某所で日産サニーが一台盗まれた。君によく似た人間が車を盗んだのを見ていた人がいるが，君が盗んだんじゃないのか。

(ク)　違う。

(ト)　…[被疑者から目をそらさずに沈黙]…，ガレージの中のCCTV（監視カメラ）に盗んだ犯人が映っていた。後で君にも見せるよ。私はCCTVの映像を見たけれど,車を盗んだのは君だ［被疑者から目をそらさずに沈黙]。

(ク)　……。

(ト)　…［被疑者から目をそらさずに沈黙]…，盗んだのは君だろう。他の誰でもない。あそこにいたのは君だね。…［被疑者から目をそらさずに沈黙］…。

(ク)　……その……ガレージにはいたよ。

(ト)　車を盗んだのか。…[被疑者から目をそらさずに沈黙］…。

(ク)　……。

(ト)　クライブ。私たちは君の家を捜索したよ。君の家のガレージから車が発見された。盗まれた車だ。…[被疑者から目をそらさずに沈黙]…。

(ク)　……そう……，盗んだよ………。

（取調べ終了）

(警)　注意しなければならないのは，沈黙する時間の長さです。ですから供述の促進と圧迫とのバランスが問題なのです。

(調)　被疑者の沈黙に対して，取調官の沈黙があまりに長くてはいけないということですか。

(警)　そうです。

(調)　それがいけないという理由は，取調官が長く沈黙すると，得られた供述が違法であるとして扱われるからですか。それとも，供述をとる技術として良くないという趣旨なのですか。

(警)　私たちの現在の実務は，すべてこれまでの事例から学んできたものです。取調べで獲得されても，証拠として認められなかった供述が多く存在しました。それは，取調べにおいて被疑者が,「取調官から圧力を加えられた」と判断されたからでした。被疑者は，沈黙が続いた時間を，自分に対する取調官からの圧力であるとして言い訳に使ったのです。

■　質疑―取調べの戦略

(調)　この車の窃盗の場合であれば，取調べは通常この程度の長さなのですか。

(警)　これは実演なので，実際の事案よりも時間が短くしてあります。

ほとんどの場合，例えば万引き等の軽微な犯罪ではテープ1本以下です。しかし，殺人事件のような場合，テープが何本かになります。今回は実演ということで，短くしました。自動車窃盗であれば，大体テープ1本(45分)以下，30〜40分程度です。

(調)　途中で質問をする警察官が入れ替わっていましたが，事前に交代するという戦略をたてていたのですか。そういう細かいことまで事前に準備するのですか。

(警)　そのとおりです。一人がほとんどの質問をし，その間もう一人はノートを取ったりして記録をつけます。お互いに質問を妨害しないことが大事です。いっぺんに二人が質問をすると，被疑者に対して圧力がかけられたということになってしまうからです。ふたりの取調官のうちのひとりがメインの質問をし，もうひとりが問題点を明確にするという役割を持っています。

トニーとペニーはいつも二人一組で取調べをおこないます。このようにいつも同じ組み合わせなので，いい関係を構築することができるのです。被疑者によって，取調べでどちらがリーダーシップを取るか等の方針が異なります。

(調)　どういう風に取調べをおこなうかについて，二人の間に違いが生じることはありますか。

(警・トニー刑事)個人的には，私は，よりダイレクトに質問をします。しかしペニーは非常に落ち着いた感じで質問をします。一人の警察官がとても質問技術が優れ，もう一人が非常に劣っているという場合もあります。ですから，取調官を誰にするかは非常に重要なのです。ひとりが質問をしている間はもう一方は後ろに控えていて，後ろに控えていた者が質問で前に出てくると，今度は質問をしていた者が後ろに下がるというふうに取調べをおこなうのです。いろいろな取調べに応じて変わります。

(警・ペニー刑事) 先ほど私はトニーから，落ち着いた感じで質問をすると言われましたが，その時々によってうまくカバーするのです。

(調)　重大な事件などで，戦略として，厳しく質問をする人と，優しく取調べをする人と，組合わせることがあるのですか。

(警)　時々あります。被疑者によって違います。

(調)　証拠の検討，取調べの方法の検討についてお聞きします。それらの検討は，取調べ前に，当該取調べを担当する警察官が二人だけで行うのですか。それともより上級の警察官や他の警察官も交えて検討するのですか。

(警)　おっしゃるとおり，殺人等の重大事件の場合には，多くの捜査官が事件に関与しますので，彼らも交えて取調べをどう行うか議論します。その際には上級警察官も議論に参加します。しかし，より軽微な犯罪については，大体取調官が二人だけで相談します。ビデオ録画をする場合には，取調べを担当していない警察官が，取調べ状況を違う部屋で見ることができます。現在PACEの再検討が行われていますが，もっと多くの取調べがビデオ録画されるべきであるという議論がなされています。

■　録音したテープの封印手続

(警・クライブ刑事) では，ちょうど今取調べが終わって，録音機を止めたところだと仮定しましょう。今度は私が取調官として封印手続をします。

まずラベルの記載を完了させます。ここに書かれた番号は，被疑者の留置記録につけられた番号です。

これらの録音されたテープは，二本とも証拠物で，それぞれ固有の参照番号が振られます。ラベルには被疑者に署名をしてもらいます。それによって，被疑者が取調べを受けた本人だということが証明されるのです。書き終わったら，今度は私も署名をします。それは取調べを行ったのが私だからです。ディテクティブ・サージェント，デントン，と。さあ，署名をしました。そしてさらに参照番号を記入します。さらに被疑者が名前を記入します。録音機から二本のテープを取り出します。取り出したテープはそれぞれケースに入れます。両方のテープは全く同一です。一方をマスター・テープにします（ラベルをケースの上から巻き付けて貼る)。もうこれで開けられません。残ったこちらがワーキング・コピーです。ケースを開けてダビングをすることができます。マスター・テープは，開けられませんね。マスター・テープは，弁護人及び公訴局のメンバーの立会なしには開封できません。

■　法廷と録音テープ

(警)　いくつか付け加えてお話ししておきたいと思います。

誰を取調官として選ぶかは大変重要です。特に性犯罪において，そのことが顕著です。女性の取調官は男性の被疑者と取調べで話しをすることが困難になる場合がしばしばあります。それぞれの状況に対応するために取調べチームの構成を変えてしまわなくてはならないこともあります。

録音テープそのものが法廷で再生されることはほとんどありません。それは非常に稀です。通常は，取調べの要約が準備されて，それが法廷に提出されることになります。それは私たちにとって大変フラストレーションのたまることです。というのも，要約と比較すると，録音テープには非常に多くのことが記録されているからです。

しかし,それが標準的な実務です。弁護人は,取調べの比重を軽くして，細切れにしようと試みます。つまり短い要約をより好むのです。

PACE が再検討されるにあたり，

取調べに関して，要約のような短いものではなく，もっと長いものにすべきではないかという議論がおこなわれています。

私の個人的な見解としては，取調べの状況についてもっと法廷に顕出されてもよいと考えています。もし，テープの全貌を明らかにできれば，被疑者があまり反省していないことをはっきりと示すことができるようになるのです。

■　質疑—取調べ，立会，自白など

(調)　先ほどのお話では，PACEの導入によって，当初被疑者の自白率は下がり，その後ゆっくりと自白率が上昇したということでしたが，PACEは被疑者の自白率に影響をあたえたということでいいのでしょうか。

(警)　PACEのもたらした最も大きな影響は，被疑者取調べにおけるソリシターの立会を促進したということです。そしてしばしばソリシターは，最も容易な選択肢を選びます。それは，自分の依頼者に対して「黙秘しろ」と助言することです。取調べにおける被疑者の黙秘に対しては，強い態度に出て，黙秘を止めさせるように，もっとよく話すように，と促す手法が用いられます。例えば，押し込み強盗の犯行現場近くに被疑者がいたのが発見されたとします。もしも被疑者が，そこにいた理由を説明しないならば，その説明しなかったことに関して，その後行われる公判で言及がなされます。もし，被疑者が血の付いたシャツを着ていたりした場合，血痕に関する質問に対して被疑者が何も言わなかったならば，そのことによって不利益なコメントがなされることがあります。ですから，新しい法律は被疑者に黙秘を躊躇させる効果を持っています。

(調)　PACEによって取調べ手法に影響は出ましたか。捜査は大きく変わりましたか，それとも変わりませんでしたか。

(警)　PACEは，警察による取調べの見直しを促しました。つまり，被疑者が罪を犯したと証明することではなく，真実は何かをより追究する方に意識を向けさせたのです。

(調)　取調べのソリシターによる立会についてですが，弁護人の立会

は捜査の障害になると考えられているのですか。

（警）　それは，弁護人がどの程度有能かによります。弁護人の中には，わざと取調べをだめにしようとする者もいます。おそらくそういう弁護人は，依頼人を刑事手続からはずそうとしているのでしょう。もちろん，私たち警察は，そのような弁護人の態度を好みません。しかし，適切に依頼人を弁護しようとする弁護人は，そのような妨害にはなり得ません。重要なことは，被疑者に弁護人がつくのは，被疑者が公正に取り扱われることを保障するためだということです。警察にとってそれは何の問題にもなりません。

（調）　取調べにおける弁護人の技術については，どう思いますか。

（警）　不運にも，普通の弁護人の行為はプロフェッショナルなものとは言えません。そのことで取調べにフラストレーションが生じます。しかし，PACE の再検討によって，その状況が改善されようとしています。

（調）　自白の獲得は，取調べの目的のひとつに含まれるのですか。

（警）　正直に言うとそのとおりです。しかし，それよりもまず，実際に何が起きたのかを知るということが目的です。事実が分かれば，それでよいのです。取調べは無実の人から自白を獲得する場ではありません。それは絶対に違います。取調べにおいて，自白を獲得することが，私たちの真の望みである場合もあります。しかし，それだけが捜査において本当に大切なことではありません。

非常にいろいろな場合があります。自白があるかないかが，関係ない事件もあります。例えば，トニーがペニーを殴ったのを 10 人が目撃している場合には，自白の有無は関係ありません。そういう場合にトニーは，殴った理由を説明した方が自分のためになるのです。もしも説明しないならば，最悪の推測がなされるかもしれません。そうした場合に，弁護人の良し悪しが関係してくるのです。というのも，もし弁護人が，黙秘をするように助言したら，それはトニーにとっては不幸なことだからです。

取調べにはいろいろ目的があります。目的の中には，警察がその次に何を調べるべきかを知る手助けを得ることも含まれます。また，もしも犯行の真の理由が取調べ中に明らかにされたならば，それによって，被疑者が釈放されるかもしれません。取調べの裏側には多くの理由があるのです。

■ 取調べのビデオ録画について

(調)　テープ録音とビデオ録画では，どちらの方がいいと思いますか。

(警)　どちらもいいと思います。ビデオ録画が行われれば，法廷で被疑者が，何を言ったかだけでなく，どのように言ったかが分かります。

(調)　ではビデオ録画の方がよいということですか。

(警)　ええ，私個人としては，ビデオ録画の方がいいと考えています。例えば，私たちはよく年の若い者を取り調べますが，警察署の中で彼らは私たちに対して何も尊敬を払いません。そんなことを気にもしないのです。しかし，もしもビデオ録画されていれば，その場面を見ることができます。

■ インフォーマルな取調べ

(調)　任意の取調べに際しても，テープ録音を行うということですが，テープ録音を行わない場合も多いのですか。

(警)　もし，ある人が任意に警察署にやって来て，そして被疑者として取調べを受けるならば，その取調べは必ずテープ録音されます。

(調)　任意で警察署に来た人を被疑者として取り扱うようになるのは，いつの時点からですか。

(警)　彼が犯人ではないかという何らかの証拠を手にした時点で，すぐに被疑者として取り扱います。何らかの疑いを抱いたら，私たちはその人を被疑者として扱うのです。例えば，もしもトニーが喧嘩の場にいて，そして彼が何かに関して有罪かも知れないという何らかの証拠を私が持っているならば，私は彼を被疑者と見なして，そのように彼を取り扱います。というのも，彼はソリシターなどの法律家から適切な援助を受けなければなりません。もしも彼が何も悪いことをしていないならば，私たちは彼に対して，害となるような誤った取り扱いをすることになってしまいます。彼を被疑者であるとみなす方が，より安全なのです。

(調)　任意の取調べの段階で，テープ録音をしないで取調べをおこなう機会がある，すなわち「インフォーマルな取調べ」が存在する可能性もあると思います。警察はそのような「インフォーマルな取調べ」をすることがあるのでしょうか。

(警)　警察官は，テープ録音することなく，誰からでも話を聞くことができます。しかし，話している相手が何かしたのではないかと考えた場合には，即座にテープ録音をともなう取調べに移行しなくてはなりません。もちろんその前に，私たちは，一般的にそして非公式に，人々から話を聞くことができます。

(調)　後になって裁判で，本来は取調べをテープ録音すべきだったのにしていなかったとして争われる事件はありましたか。

(警)　最近はないですね。何年か前にはそういうこともありました。PACEは1986年から施行されましたが，その後はありません。施行後16年が経ちましたが，10年から12年前にはおっしゃるような事件も存在しました。しかし現在では，取調べがテープ録音されることが完全に通常の業務となっています。私は，テープ録音を行わなかった事件というものを知りません。

(調)　警察署に被疑者を同行する際に，警察官手帳に被疑者の言ったことを記載することもあるのではないのですか。

(警)　もし，誰かを逮捕したならば，警察署に到着する前に彼に対して何か質問をしてはいけないことになっています。ただ，被逮捕者が何かを話した場合には，私たちはそれを警察官手帳に記載しなければなりません。しかしそれは被逮捕者が自分から任意に話した時だけです。警察が何か質問するということはあってはならないのです。例えば，トニーが逮捕されたとします。警察署に到着する前に，彼が「どうして彼女を殴ってしまったのか分からない。とても済まないと思っている」と言ったならば，その言葉は警察官手帳に記載されなくてはなりません。そして後でトニーを取り調べる際には，警察官手帳の記載をトニーに読み聞かせて，その内容に同意するか否かを彼に確認するのです。

(調)　PACEによって，取調べは適切になったということですね。しかし，書類仕事が増えることによって，警察官が街角から消えることになりませんか。

(警)　おっしゃるとおりです。書類仕事は過大になってしまいました。PACEの再検討では，そうした書類仕事をもっと減らそうという議論がおこなわれています。というのも，警察官が警察署で費やす時間が，あまりにも多くなってしまったからです。100％あなたのおっしゃるとおりです。

■　取調べ前の証拠開示

(調)　ソリシターの役割として，警察から証拠開示を受けること，すなわち情報を得ることが重要であると言われています。あなた方警察は，具体的にはどのような情報を取調べ前にソリシターに対して開示するのですか。

(警)　重要なのは，私たち警察はソリシターに対して，ソリシターが留置されている被疑者に適切な助言をすることを可能にする程度に十分な情報を提供しなくてはならないということです。しかし同様に重要なのは，情報を提供しすぎてもいけないということです。というのも，被疑者が話をでっち上げてしまうからです。

ですから，どの程度の情報をソリシターに提供するのかは，個々の事件で判断することになります。例えば，もしトニーの取調べに際して10人の目撃証人から「トニーがペニーを殴っているのを見た」という内容の供述調書を得ている場合には，私はソリシターに対して，それらすべてを話すでしょう。私は彼が犯人であると知っていて，私が知りたいのは彼の動機だけだからです。

しかし，ペニーが殴られて，トニーが犯行現場付近にいたことは分かっているが，殴っている場面を見た人が誰もいない場合には，ソリシターに提供する情報はもっと少ないものになるかもしれません。ですから，ケースバイケースで検討しなければならず，時にはその塩梅が非常に困難になる場合もあります。

弁護人というのはいつでも何でも知りたがるのです。取調べの途中で取調官が言及した事項が，それ以前にソリシターに告げられていない場合には，ソリシターは取調べを中断するように異議を出して，依頼人と話をすることになります。

ですから，適切な取調べが行われ，取調べが中断されないだけの十分な情報を提供する判断が重要となるのです。

(調)　先ほどの実演の中で，取調官が被疑者に対して「君の姿がCCTVに映っている」と告げていましたが，実演のような事例では，CCTVに映っている事実はソリシターに開示されるのですか。

(警)　通常は，ソリシターに開示されます。ベスト・エビデンスを最後に持ってくることはあります。

取調べには，多くの目的があり，一つは，被疑者がどれだけ正直かをテストすることです。ですから，最初の取調べの時には，すべてをソリシターに告げません。2回目，3回目の取調べで少しずつ情報を提供していくのです。

しかし，ここで再度強調したいのは，それは大変難しいということです。警察は，法律家から「すべてを開示するように」という，非常に強い圧力をかけられています。それに対してノーと言うことは，とても大変なことです。私たちにとって危険なのは，弁護人が被疑者に黙秘しろと助言することなのです。

■　まとめの質疑

(調)　留置場にソリシターあての電話があったようですが，被疑者はどこから電話をかけることができるのですか。留置エリアに黄色いポスターがあったのを見たのですが。

(警)　あれは無料で電話がかけられるというポスターです。どこの留置エリアにも，電話が備え付けられている部屋があります。

留置管理官がソリシターあてに電話をかけ，被疑者は誰もいないところでソリシターと電話で話をすることができます。イギリスでは，逮捕されたすべての者は，ソリシターと無料で電話で話をする権利があります。

警察署に到着すると，被疑者は留置管理官に対して「ソリシターと話をしたい」と申し出ることができます。そして，被疑者が望むならば，ソリシターは取調べに立ち会うために警察署にやって来ます。時には，電話でソリシターと話した被疑者が，ソリシターに警察に来ないでくれと言うこともあります。

(調)　逮捕されてこの警察署にやってくる人は，一日何人くらいいるのですか。

(警)　1年間に1万人です。1日に30人かそのくらいですね。多い日もあるし，少ない日もあります。

(調)　それだけの人数が逮捕されるのであれば，取調室は足りますか。

(警)　取調室は4つありますが，それでも時には足りないときがあります。

(調)　取調室が足りないときは，被疑者は待たなくてはならないのですか。

(警)　そうですね。

ちなみに，この警察署には70人が収容できる房が備えられています。それらの房が満員になることもよくあります。それでも逮捕者がやって来ます。そういう時には，違う警察署に移送しなくてはなりません。

(調)　この警察署には，捜査にあたる警察官は大体何人くらいいるのですか。

(警)　犯罪捜査課（Criminal Investigation Department）の警察官は30人から35人くらいです。

(調)　留置エリアに貼られた青いポスターに「考え直しなさい」というような趣旨の言葉が書かれていたのですが，自白や取調べに関するものなのですか。

(警)　そのポスターは，被疑者に余罪について認めるように促すためのものです。実際に時々そのようになるんですよ。というのも例えば，5件の押し込み強盗をやったとしますよね。彼は5回も警察署に入りたくないですよね。1回で済ませたいと思うでしょう。

(調)　ありがとうございました。

<トピックス3>　実務規程E——被疑者取調べのテープ録音手続について

＊　翻訳は，02年7月の取材当時ではなく03年3月から施行されている現行の実務規程Eの関連部分を訳出したものである。

1　総　則

1.1：本規程は，下記の者が直ちに参照できるようにしておかなければならない。

- 警察官
- 拘禁されている者
- 一般市民

1.2：本指針に含まれる指導注記は，本法典の条項ではない。

1.3：本規程に定められていることは，警察官による留置・処遇・取調べに関する実務規程（規程C）の定めるところを損なうものと受けとめてはならない。

1.4：本規程は，規程Cの1.12条に列挙されている人々には適用されない。

1.5：本規程上，

- 「適切なる成人」とは，規程Cの1.7条と同じ意味である。
- 「ソリシター」は同6.12条と同じ意味である。

－1.6条ないし1.11条まで省略－

2　マスターテープの録音と封印

2.1：取調べのテープ録音は，公正かつ正確な記録としてその信用性に確信を形成できるよう公明正大に実施されなければならない。

2.2：本規程では，うち一本のテープをマスター・テープと称する。これは，被疑者の面前で封印を行わなければならない。二本目のテープは，ワーキング・コピーとして使用するものとする。マスター・テープは録音デッキ2台付装置で使用される2本のテープ中いずれかのものとする。ワーキング・コピーは，録音デッキ2台または3台付装置で使用される2本または3本のテープ中のいずれかのものとする。録音デッキが1台の装置の場合には，マスター・テープのコピーをワーキング・コピーに宛てる（指導注記2A条および3A条，参照)。

2.3：以下の場合，本規定上，取調べを行っている警察官または民間人で協力をしている職員を特定する事項の録音または開示を求めるものではない。

(a) テロ行為に関する捜査に関連してなされる質問。

(b) 取調官が氏名を記録し開示することが自己を危険にさらすものと合理的に確信する場合。

かかる場合，取調官は任用番号その他の番号および警察署名を使うものとする(指導注記2C参照)。

(指導注記)

2A：マスター・テープを被疑者の面前で封印する目的は，テープの真正が維持されていることを明らかにすることにある。録音デッキが一台の機械を用いる場合，マスター・テープからワーキング・テープを作成するには，被疑者の面前でマスター・テープが視野から外れることのないようにして行うものとする。さらにコピーを作成する必要がある場合，ワーキング・コピーを利用するものとする。

2B：テープ等と定めている場合は，録音デッキ1台の機械を使った場合の1本のテープも含む。

2C：2.3(b)の目的は，重大な組織犯罪の捜査に関与する者を保護し，また特に暴力的な被疑者の逮捕に関与した者であって，当該被逮捕者またはその仲間が関係者を脅迫し害を加えると信頼できる情報がある場合にこれを保護することにある。疑義のある場合には，警部以上の階級の者に報告するものとする。

3　録音をすべき取調べについて

3.1：下記3.3条，3.4条に従って，警察署においては以下に述べる取調べすべてについてテープ録音をしなければならない。

(a) 規程Cの10条に従って正式起訴犯罪（但し，選択式審理方式犯罪を含む）に関連して権利告知を受けた者について（指導注記3A参照)。

(b) 被疑者が犯罪について告発をうけまたは訴追されると告知された後に，上記(a)項に規定されている犯罪について警察官が例外的に当該被疑者に質問を行う結果，行われる取調べについて。

(c) 被疑者が3.1(a)に規定されている犯罪について告発をうけ，または訴追されると告知された後に，供述書面または他の者との会話について供述を求める場合（規程C，16.4条参照)。

3.2：テロリズム法2000年によって，同法41条により逮捕され，またはスケジュール7条によって拘束されている者の取調べに関するテープ録音については異なる実務規程を定める。本規程はかかる取調べには適用がない。

3.3：留置管理官は，以下の場合，取調官に取調べのテープ録音をさせないことができる。

(a)　装置が故障し，または適切な取調べ室もしくは録音装置を利用できないため合理的に判断して実施ができない場合であって，留置管理官が合理的な理由に基づいて，故障を修復し適切な取調べ室もしくは録音装置を利用できるようになるまで取調べを延期するべきではないと判断したとき。

(b)　当初から訴追が行われないことが明白であるとき。

（注意）かかる場合には，取調べは規程Cの11条により，書面で記録しなければならない。すべての場合に，留置管理官はテープ録音をしない理由を具体的な表現によって記録しなければならない。（指導注記3B参照）。

3.4：取調べ室に赴くことを拒み，またはそこに留まることを拒む場合（規程C，12.5条参照），留置管理官が合理的な理由に基づいて，取調べを遅延させるべきではないと判断したとき，その裁量によって，携帯型録音機を用いて監房で取調べを行うことができる。携帯型録音機がない場合，規程C，11条によって書面で記録しなければならない。

3.5：各取調べの全過程について供述の採取および読み聞けを含めて録音しなければならない。

（指導注記）

3 A：本規程は，3.1条に含まれていない犯罪について権利の告知を受けた者が警察署で警察の裁量でおこなうテープ録音ならびに告発をうけまたは訴追をうけることがあると説明を受けた後になされる応答についてテープ録音をすることを妨げるものではない。ただし，本規程を遵守しなければならない。

3 B：なんらかの理由で取調べのテープ録音をしないと決定した場合，これは法廷においてコメントの対象となることがある。それゆえ，その許可を与える警察官は，その決定の正当性を明らかにする準備を調えておくものとする。

4　取調べ

－4.1条～4.2条，省略－

(b)　取調べの開始

4.3：被疑者が取調べ室へ連行されてきたとき，取調官は遅滞なく，かつ被疑者の面前でテープレコーダーにカラのテープを挿入し録音できるようにしなければならない。テープは，被疑者の面前で包みを外すなど外に出さなければならない。

4.4：取調官は，次に被疑者にテープ録音について正式に説明しなければならない。また，取調官は，

(a)　取調べはテープ録音されると述べなければならない。

(b)　2.3 条に従い，警察官の氏名・階級，その他取調べ室に居る警察官の氏名・階級を伝えなければならない。

(c)　被疑者その他の立会している者（例えばソリシター）に人定事項を示すように求めなければならない。

(d)　開始の日付，時間と取調べの場所を述べなければならない。

(e)　被疑者には各テープがどのように扱われるのか告知がなされることを説明しなければならない（指導注記 4 A 参照）。

4.5：取調官は

- 被疑者に注意事項を告知しなければならない（規程 C，10 条参照）。
- 無料で弁護士の助言を受けることができることを被疑者に再確認しなければならない。規程 C，11.2 条。

4.6：取調官は，被疑者に意味のある供述をさせるか，沈黙させるものとする。規程 C，11.4 条参照。

(c)　ろう者の取調べ

4.7：被疑者がろうである場合もしくは聴覚能力に疑義がある場合，取調官は，本規程の各条項に従ってテープ録音を行う他，規程 C の要件にしたがって取調べの同時ノートを作成しなければならない（指導注記 4 B，4 C 参照）。

(d)　被疑者の異議および不服申し立て

4.8　被疑者が取調べの開始時，取調べ中または休憩中いずれかの際取調べのテープ録音に異議を述べたとき，取調官は，取調べは現に録音されていること，本規程上被疑者の異議もテープに録音されなければならないことを説明しなければならない。異議がすでにテープに録音されている場合または被疑者が異議のテープ録音を拒んだ場合，取調官は録音装置を停止すると告知し，理由を述べてからこれを停止しなければならない。取調官は，次に規程 C 11 条にしたがって取調べの書面による記録を作成しなければならない。但し，警察官が合理的に判断してなおテープ録音を作動させたまま被疑者に質問することができる場合には，これを行うことができる（指導注記 4 D 参照）。

4.9：取調べの過程で，質問を受けている者からまたはその者のために本規程または規程 C の諸規定に関して不服が提起された場合，取調官は実務規程 C 12.8 条に従って措置を取らなければならない（指導注記 4 E，4 F 参照）。

4.10：被疑者が，現に嫌疑を受けている犯罪に直接関連しない事項について説

明する意思があり，かつこれら事項についてはテープ録音を望まない旨を取調官に明らかにした場合，被疑者には正式の取調べの終了後にこれら事項について警察官に説明する機会を与えられなければならない。

(e)　テープの交換

4.11：録音機がテープの残り時間が少なくなっていることを示したとき，取調官は被疑者にテープが直に終了することとなり取調べのその部分が録音されなくなる旨説明しなければならない。取調官がテープの別のセットを取るために取調べ室を退室するとき，被疑者が監視する者がいないまま在室する状態にしてはならない。取調官は，録音装置からテープを取り出し，被疑者の面前で包みを解くなどして開けた新たなテープを挿入しなければならない。録音機は新しいテープに録音するようにセットされなければならない。複数テープ間の混乱を生じないように，取調官は，テープを録音装置から取り出したときには直ちに識別番号をテープに書き込まなければならない。

(f)　取調べの間の休憩について

4.12：休憩を取る場合，その事実と理由およびその時間はテープに録音しなければならない。

4.12 A：休憩をとり取調べ室から被疑者を退去させるとき，テープは，録音装置から取り出して，以下に規定するところに従って取調べの終了のための手続を施さなければならない（4.14条参照）。

4.13：休憩がごく短期間であって，被疑者も取調官も取調べ室に滞留する場合，録音装置は停止することができる。この場合，テープを取り出す必要はない。取調べの再開にあたり，テープ録音は同一のテープによって継続しなければならない。取調べを再開する時間はテープに記録しなければならない。

4.14　取調べの休憩があった場合，取調官は，取調べの再開にあたり注意を受けた状態に変わりがないことを質問の相手に注意を与えなければならない。疑義があるときには注意事項をすべて与えなければならない（指導注記4G参照）。

(g)　録音装置の故障

4.15：装置が故障しても新しいテープを挿入するなどによって迅速に除去できる場合，4.11条に規定する適切な手続を取らなければならない。録音を再開するにあたり，取調官は何があったのかを説明し，取調べを再開した時間を記録しなければならない。しかし，当該テープ録音機により録音を継続することができず，代わりになる装置も直ちには利用できないとき，取調べはテープ録音をすることなく実施することができる。かかる場合，留置管理官の許可を得るため上述3.3条の手続を取るものとする（指導注記4H参照）。

(h)　テープの録音装置からの取り出し

4.16：テープを取調べの最中に録音機から取り出す場合，これらを保管し以下4.18条に規定する手続を実施しなければならない。

(i)　取調べの終了

4.17　取調べの終了にあたり，被疑者は述べたことを明確にし，希望すれば付け加える機会を与えられなければならない。

4.18　供述調書の作成と読み聞けを含む取調べの終了にあたり，時間を記録した上で録音機を切断しなければならない。取調官は，マスター・テープは，マスター・テープラベルを付して封印しなければならず，以後効力のある命令にしたがって証拠物として取り扱わなければならない。

取調官は，ラベルに署名をし被疑者ならびに現場に居る第三者に署名を求めなければならない。被疑者または第三者がラベルに署名することを拒んだ場合，警部以上の階級の警察官，右警察官がいない場合には留置管理官を取調べ室へ呼び入れた上，2.3条に従い，署名を求めなければならない。

4.19　被疑者は，次のことを説明した告知書を手交されなければならない。

- テープ録音の利用方法。
- これにアクセスする段取り。
- テープのコピーは，相手方が告発されるか正式起訴される旨告知された場合，可能な限り迅速に供与される。被疑者と警察で別の取り決めをした場合はこの限りではない。

(指導注記)

4 A：声紋識別のため，取調官は被疑者その他立会している者に人定事項を明らかにするように求めなければならない。

4 B：本規定は，録音を使ってろうの者または聴覚障害のある者に他の被疑者と同じく取調べの完全な記録にアクセスする権利を可能な限り等しく保障することを目的としている。

4 C：ろう者のため，または，英語を理解することに困難のある者の取調べのための通訳人に関する規程C 13.2条は，適用を継続する。テープ録音をする取調べの際，取調官が規程C 13条で通訳人に命じられている取調べのメモを別途作成することを確実に実施させることは，4.7条の場合にのみ適用がある(ろう者との取調べ)。

4 D：取調官は，被疑者の意思に反して録音を継続する決定は，法廷でコメントの対象にされることがあることに注意していなければならない。

4 E：留置管理官が，不服申し立てに対処するために直ちに呼ばれた場合，可能な限り留置管理官が取調べ室に入り取調べを受けている者に話しかけるまでテープ録音機は録音を続けるものとする。規程Cの9.1条に基づいて警部が行う措置を待つ間，取調べの継続または停止は取調官の裁量によって決めるものとする。

4 F：本実務規程または規程Cに関連しない事項に関する不服申し立てがなされた場合，取調べを継続する決定は，取調官の裁量に委ねる。取調官が取調べを継続すると決定した場合，取調べをうけている者に対しては，不服申し立ては取調べが終了した段階で留置管理官の認識に供する旨説明するものとする。取調べが終了した場合，取調官は，可能な限り迅速に留置管理官になされた不服の存在と性質について報告するものとする。

4 G：取調官は，取調べの休憩時または複数の取調べの合間に被疑者の録音された証拠に影響を与えることはなにも生じていない旨裁判所に示すことが必要になるかもしれないことを念頭におくものとする。それゆえ，警察官は，取調べ中の休憩の終了時，または，次に行う取調べの開始にあたり，休憩の理由をテープ上要約し，被疑者にその確認を求めることを考慮するものとする。

4 H：取調べの間にテープの一本が切れた場合，これを被疑者の面前でマスター・テープとして封印しなければならない。取調べはテープ切断箇所から再開するものとする。取調べ後必要があれば，破損していないテープは直ちにコピーを作成するものとし，原本は被疑者の面前でマスターテープとして封印しなければならない。破損していないテープのコピーを作成する装置が直ちに利用できない場合，両方のテープを被疑者の面前で封印した上で取調べを再開するものとする。録音デッキが一台しかない装置を使用中にテープが切れた場合で，切れたテープをコピーできる装置がない機器である場合，テープはマスター・テープとして被疑者の面前で封印しなければならない。その後取調べを再開するものとする。

5　取調べ後について

5.1：取調官は，取調べが実施され，テープに録音された事実，その時刻，継続期間ならびにマスターテープの同一性確認番号を自らの帳面に記録しなければならない。

5.2：取調べが録音された相手方に対してその後の手続がおこなわれなかった場合であっても，テープは6.1条ならびに指導注記6Aにしたがって安全に保管しなければならない。

（指導注記）

5 A：テープ録音がなされている取調べの書面による記録は，内務省が承認している全国指針に従って作成するものとする。

6　テープの安全な保管

6.1：被疑者の取調べが録音される各警察署の責任ある警察官は，マスター・テープを安全に保管する段取りをとり，その移動については，証拠とする目的で使われるその他の物と同じく，効力を有する命令に基づいてこれを記録しておかなければならない。

6.2：警察官は，刑事手続のために求められているマスター・テープの封印を破る権限はない。マスター・テープを利用する必要がある場合には，警察官は，公訴局の代理人が立会するときに封印を破棄する措置を講じなければならない。被告人または被告人の法的助言者はその告知を受け，立会できる相当の機会を与えられなければならない。被告人またはその法的助言者が立会する場合，マスター・テープの再封印と署名を求めなければならない。いずれもがこれを拒み，またはいずれもが立会しない場合には，公訴局代理人がこれを行わなければならない(指導注記6B，6C)。

6.3：刑事手続が行われない場合，または正式裁判，およびもし可能であれば控訴審の手続が終結した場合，必要な際にマスター・テープの封印を破棄する措置は警察署長がこれを構ずる責めに任ずる。

(指導注記)

6A：本節は，マスター・テープの確実な保管に関する。右テープは，取調べの終了時に封印されていなければならない。しかし，ワーキング・テープについても十分な注意を払って取り扱わなければならない。これがなくなったり破損した場合には，マスター・テープを使う必要性がどうしても出てくるからである。

6B：公判に付託された後，テープがクラウン・コートにおいて保管するために送達された場合，公訴局は封印を解除するための還付についてクラウン・コート・センター主席書記官に申立をするものとする。

6C：本規程の上記の部分で公訴局ないし検察官と定めている場合，訴追に法律上責任を負うその他の機関または人であってそのために警察が録音を行う取調べを実施している者を含むと解釈するものとする。

(渡辺・訳)

第 *3* 章　取調べ可視化と捜査弁護

――弁護人の立場から

バーミンガム市の治安判事裁判所

第1節　取調べ可視化と積極的弁護への取り組み
——西イングランド大学エド・ケープ教授に聞く

調査日　2002年7月8日
西イングランド大学法学部会議室にて

はじめに

2002年7月8日，私たち一行は，視察旅行の皮切りとして，ブリストルにある西イングランド大学のエド・ケープ教授を訪ねた。

教授は，当番弁護士発祥の地であるイングランドにおいて，2年間の警察官としての実務経験の後，1979年にソリシターに転身し，さらに1992年からは刑事法学者に転身したという経歴の持ち主である。その経歴が示すとおり，同教授は，刑事実務に通暁されているが，中でも同教授が1993年に出版された『警察署における被疑者弁護』（Ed Cape, Defending Suspects At Police Stations, Legal Action Group, 1999, London, 3 d ed）は，極めて実践的な実務家のための教科書として，イングランドのソリシター協会（ロー・ソサエティー）において研修教材としても使われている。イングランド及びウェールズにおける取調べ可視化が，刑事弁護実務に与えた影響を知る上で，格好の人物である（なお，同教授は，私たちの訪問後来日され，2002年7月18日，大阪弁護士会で「当番弁護士制度と弁護士倫理」の演題で講演された）。

インタビュー

＊(調) は調査団の発言，(ケ) は
エド・ケープ教授の発言を指す。

■　調査の目的—日本の状況説明

(調)　日本では今，司法改革というものが進められています。日本の政府は，あと２年の間に司法を改革するための重要な法律をたくさん作る予定です。

(ケ)　それに関しては，インターネットの上で英語版の弁護士会のカウンター・レポートを読みました。日本での自分の講演の準備のためです。とても役立ちました。

(調)　では，大分詳しくご存知だと思います。

重要な刑事手続の中での改革論点は，大きく分けると二つあります。ひとつは,裁判員の制度の導入です。これは市民が裁判に参加するということです。そのための手続を導入しようとしています。

もうひとつは，捜査段階での手続の改革，起訴前の手続の改革です。起訴前の弁護費用を国が負担するという手続を進めようとしていることです。それらが大きな論点です。

また，捜査段階について，今まで取調べは密室で行われていましたが，これをできるだけ可視化したい

ということが，弁護士の希望です。

日本では逮捕されてから起訴までに，最大23日間の取調べを受けることになります。多くの場合，弁護人はつかず，取調べは完全な密室の中で行われます。司法改革の中で我々は，少なくとも取調べを録音すべきであるということを求め続けました。

しかし，日本の法務省は，録音をするのは絶対反対だとしており，現在では，書類に記録する方法により，取調べ過程を明らかにしようという内容がでているにすぎません。私たちは書面だけでは不十分であり，やはり録音・録画すべきだという運動を続けていきたいと思っています。

そこで，PACEの経験について，イギリスの経験を学んで日本に紹介することによって，日本でも取調べの録音・録画を推進したいと考えております。

多くの場合，裁判官は法廷での証言よりも，捜査段階での供述を採用します。捜査段階の供述調書は，被告人の場合は，23日間身体を拘束された中で作成されます。取調べは，1日に多い場合は12時間に達することもあります。証人の場合も密室で調書が作成されます。警察官がどのような誘導をしたかは分かりません。

特に暴力団関係者に対しては，暴行もあります。警察官は，もちろん暴行を認めません。検察官も認めません。裁判官も，暴行があったことをほとんど認めません。しかし，私の経験から言うと，暴行をはじめ無理な取調べが大変多いです。

また日本では，黙秘する被告人はほとんどいません。黙秘しないのは，被告人が黙秘を望まないのではなく，黙秘をすることができないからです。長時間取調べがおこなわれるので，耐えられないのです。

あとひとつ。日本では証拠開示がありません。開示をうけた他にも目撃者がいるはずだけれども，全部の目撃供述を入手できません。

(ケ)　一つ質問があります。警察署で取調べをするとき，警察官は，被疑者に対する質問とその答えについてメモを作成しますか。

(調)　多くの場合，とっています。

(ケ)　では，裁判所に出てくる証拠は，質問と回答で構成されているものですか，それとも被告人の調書なのですか。

(調)　裁判所に出てくるものは，供述調書です。警察官が書いた物語式の調書です。メモは出てきません。きわめて例外的な事件だけ，問題となってメモが出てきたことがあります。私の27年の経験の中で，一件だけあります。それは，無罪になりました。

■　イギリスの取調べ手続と弁護人の活動

(ケ)　私は，この大学で刑事法と刑事実務について教える教授です。私は主に，学会，すなわち研究者と実務家の橋渡しをする仕事をしています。私は，そのことをとても重要だと考えています。

というのも，イギリスは伝統的に…日本でも似たような状況にあると思いますが…法律の分野で研究者と実務家が分離しているからです。私は，もともとは主に刑事事件を扱う弁護士でした。ブリストルの刑事弁護士事務所でパートナーをしていました。

しかし，私は今この大学で教授をしていて…ちょっと長く居すぎました。14年も経ってしまいました。しかし，この大学には長くいますが，昔の友人の弁護士や法律事務所とコンタクトをとり続けています。

また，私はソリシター協会の中の，刑事弁護委員会のメンバーでもあります。時には，刑事弁護をおこなう弁護士の職務の水準に関して，法廷で証言することもあります。ここ数年間に，3つの事件に関わりました。その中で裁判官は警察の取調べで得られた証拠を排除しました。警察署における刑事弁護人の水準がきわめてひどかったことが理由に挙げられました。2件は殺人で，1件は放火でした。しかし一般的に，弁護人の水準の低さを理由として証拠排除をすることに対して，裁判所は非常に躊躇します。

(調)　その3件は，無罪になりましたか。

(ケ)　3件すべて無罪になりました。

警察署において弁護人の法的助言を受ける権利は，1984年のPACEにより導入されました。法的助言を受ける権利が導入されたとき，多くの弁護人の水準はあまり高くなく，警察署で助言するというレベルに達していませんでした。

弁護人は，法的助言を受ける権利が導入されても，警察署の中で，警察にやりたいようにさせていたのです。そして，警察官に挑むことをためらっていました。私たちにとって幸運だったのは，そうした弁護人の態度が，多くの事件に関して控訴院（Court of Appeal）から批判されたということです。

私たちはふたつのことをおこないました。まず，私たちは法律家に対して，もっと依頼人の利益のために，アクティブに活動せよと促しました。また，ソリシター協会も，アクティブな活動をさせるために，多くの仕事をおこないました。ソリシター協会も，私も，警察の取調べにもっと介入するようにと法律家に促しました。それは，そんなに容易なことではありません。警察はいまだに，弁護人が取調べに介入することをあまり快く思っていません。

（調） 介入というのは，取調べに立ち会うことが前提ですね。

（ケ） そういうことです。政府が，PACE によって，弁護人が取調べに立ち会うことを権利として認めたということが良かった。これは他の多くの国ではないことです。スコットランドでは，PACE のような法律は導入されていません。スコットランドは法的管轄が異なっていますので，取調べには弁護人は立ち会えません。

ヨーロッパ人権裁判所は，被疑者は「警察署の取調べにおいて」法的助言を受ける権利があると判示しました。しかし，ヨーロッパ人権規約では，そこまでは踏み込みませんでした。

警察署の中に弁護人がいればいいという意見と，取調べには弁護人が立ち会うべきであるという意見は違います。ですから，私の国ではヨーロッパの最低基準よりは，先を行っているのです。

過去，イングランドとウェールズでは，被疑者に対して，警察署内で劣悪な取り扱いがおこなわれるという問題がありました。その状況が変化する一助となったのは，これからあげる3つの事項です。まず，法律家が警察署に入っていったこと。次に，取調べのテープ録音の導入。そして，いくつかの重要な判決の中で，控訴院が警察の行為を批判したことです。これらが問題状況改善の引き金となりました。

もう一つ付け加えですが，こういった変化は1990年代の初頭にもたらされました。この1990年代初頭の一連の変化は，当時明らかとなった有名な誤判によりもたらされました。これらの一連の誤判により，一般市民や裁判所の警察に対する信頼は損なわれました。しかし，現在では，その空気が変わってきています。今の一般市民のムードとしては，誤判よりも犯罪に対して，その興味が向かっています。政府によって，そうしたムードが後押しされていると，私は考えています。

■ 取調べのテープ録音と自白について

(ケ)　警察は，導入前はテープ録音に強く反対していました。しかし現在では，警察はテープ録音に好意的な態度を取っています。

(調)　態度が変わった理由は何ですか。

(ケ)　私が思うに，彼らがテープ録音を好む理由のひとつは，取調べで書面を作らなくてよくなったからでしょう。冗談のように聞こえるでしょうが，本当です。それと，警察の取調べは以前に比べてとても短くなりました。また，取調官も自分たちの聞きたいように，自然に質問をすることができるようになりました。それで取調べが前よりも楽になったのです。

(調)　本を見ると，PACE以降自白が減少したと書いてあるものと，自白率は変わらないと書いてあるものがありますが，どちらが正しいのですか。

(ケ)　2000年と2001年に内務省で取調べに関しておこなわれた調査の結果が公表されました。この調査は黙秘権に関しておこなわれたものです。1994年刑事司法・公共秩序法は1996年から施行されましたが，それ以降の自白率は従来とほぼ同じだということです。

(調)　この地域では，エド・ケープ教授ご自身の感覚として，自白率の変化をどのように感じていますか。

(ケ)　黙秘権制限規定があるので，全体像が複雑で説明するのは難しいです。

ただ，私の印象では，被疑者の40%から50%くらいが何らかの形で認める供述をしているのではないかと思います。

そうした供述をする人たちは，何らかの形で事件について認めているか，少なくとも何らかの事項について有罪が認められる状況について認めています。

政府としては，黙秘権を制限すれば，おそらく自白率が高まるだろうと期待していました。しかし，実際はそうはなりませんでした。

(調)　日本では，自白をすると反省したと評価されて刑が軽くなりますが，イギリスでは自白はどのように意味があるのですか。

(ケ)　イギリスでも，とてもよく似ています。多くの人は「本当に罪を犯したものだけが，自白をする」と考えています。法律上は，どの段階で被告人が認めたのかを裁判所は考慮しなければならないと規定しています。

しかし，実際の適用段階では，裁判所ごとに少しずつ違っています。また，犯罪の重要性によっても，裁判所が自白についてどこまで考慮するかは変わってきます。重大な事件であれば，自認しているという状況であれば，量刑は相当軽減されることになるでしょう。

考慮される自認についてですが，いわゆる法廷で自認することと，警察の取調べで自認することと，告発された後に自認することとでは違ってきます。しかし，そう重大な事件でなければ，自認していても，量刑にはそれほど影響しないでしょう。ほとんどの事件では，告発された後に事実を認めたとしても，取調べの段階で自白した時と比較して，大きく量刑が変わることはありません。

(調)　どの段階で被告人が認めたのかを裁判所が考慮しなければいけないと法律の規定に書かれているのですか。

(ケ)　基本的には，裁判所の運用上，どの段階で自認されたかを考慮することになります。規定としては，2000年刑事裁判所権限(量刑)法が裁判所にそうした権限を与えています。この法律では，裁判所はどの段階で被告人が有罪を示唆したのかを，量刑上考慮しなければならないと定めています。

ですから，法律は，警察の段階で自認したことを考慮することが「できる」という権限があると言っているだけです。実際の運用では，裁判所への第一回出頭以降に自認したとしても，それによって量刑を軽くすることは通常ありません。

■　黙秘権制限条項について

(調)　それは1994年刑事司法・公共秩序法の自白の不利益推論とは関係するのですか。

(ケ)　この黙秘権廃止後の警告というのは，あくまでも黙秘自体が一定の影響を及ぼすことがあり得るというだけで，量刑に影響を及ぼすかについて警告を与えるものではありません。

(調)　しかし，被疑者の心理上は，事実上同じ影響があるのではないですか。

(ケ)　そうなるかも知れませんね。私が著書で刑事弁護人に言っているのは，ほとんどの事件において警察で自白したからといって，量刑が軽くなると考えて行動してはならないということです。もっとも，私のいうことはあまり信用してもらえないし，現実には，いまだに多くの被疑者が，弁護人から十分なアドバイスを与えられていません。

(調)　しかし，刑事弁護人としては，一番最初の段階で，警察に行って立ち会う場合，十分な情報がない。そうすると，とりあえず「しゃべるな」ととにかく黙秘をまずさせておいて，証拠を検討して方針を決めたいと考えるでしょう。

ところが，黙秘権行使が不利益になるのならば，いきおいそうした方針はとれないということになるのではないでしょうか。そうすると，早い段階で決断をせまられる。より難しくなったと言えるのではないですか。

(ケ)　黙秘権制限に関するあなたの分析は，そのとおりだと思います。状況は難しいものになりました。

ただし，黙秘権の制限は，ふたつのいいこともたらしました。それは，まさに事柄が複雑になったために，弁護人がだんだんいい仕事をするようになって来たのです。

第一に，弁護人が，警察から，何とか証拠に関する情報を取ろうとかなり懸命に努力するようになりました。次に，それにともなって，被疑者にどのような助言をするかについて，非常に慎重になってきています。また，控訴審の判断の中で，警察が十分な資料を提供していない場合には，黙秘権行使を不利益に考慮することはできないと宣言されました。

ですから皮肉なことに，警察の方も，取調べをする際に，かなり慎重になってきています。というのも，警察は弁護人にあまり情報を提供したくないと考える一方で，黙秘権が行使された時に，裁判所が不利益推論をしても構わない考える程度には，情報提供を行うという判断をするようになりました。

このため，警察の方は，重大な事件の捜査，特に取調べについては，新しい手法をとるようになりました。つまり，段階的に証拠開示をするようになったのです。

■ PACEと自白の証拠調べ手続

（調） そもそも，捜査段階の取調べにおける被疑者による供述は，PACE以前には法廷でどのような形で証拠として出されていたのですか。つまり私のお聞きしたいのは，PACEの後で法廷での証拠の出し方が変わったのかどうかということです。

（ケ） まず言いたいのは，日本でいう「調書」と，私たちの国において取調べの際に作成される，質問と回答が記載された書面は別物であるということです。

PACE以前は，日本と同じ状況でした。その頃の警察は，被疑者の取調べ途中に，ある一定のポイントに来ると書面を作成し，それを被疑者に渡して署名させていました。もちろん，そうした書面は被疑者が何を言ったかを正確に反映したものではありません。しばしば，警察が何を言わせたいかが書かれていました。それがPACE以前の状況です。

PACE以後，テープ録音導入以降は，そういう調書がとられることは非常に稀になりました。法廷には，通常，質疑応答の様子が書かれた記録が提出されるようになりました。

（調） それは，テープ録音の要約ですか。

（ケ） そうです。記録というのは，テープ録音の主要なポイントを取りだして作成されます。そして，当事者のいずれかが，警察官の作成した要約が取調べの内容を適正に反映していないと考えた場合は，テープ録音をすべて逐語で起こした書面が証拠となります。また重要なポイントとして，弁護人は録音されたテープのコピーを受け取る権利を持っています。

(調)　どの段階で，受け取ることができますか。

(ケ)　実務的には，取調べの最後に受け取れます。今日，皆さんは警察で録音機をご覧になると思います。その機械は，2本いちどに録音できます。通常は取調べ後直ちにテープがダビングされて，被告人側に渡されます。

(調)　録音されたテープそのものが裁判所に出るのですか。それとも反訳された文書が出るのですか。

(ケ)　裁判所には，多くの場合は要約が提出されます。しかし，何らかの議論になったときには，反訳書が証拠として提出されます。そして，必要が生じた場合には，法廷でテープが再生されることもあります。

(調)　では，自動的に，テープそのものが事実を認定するための実質証拠となるのですか。

(ケ)　テープは自動的に証拠となります。

(調)　そうなると，以前は取調官が，法廷で自白の信用性について証言していたと思いますが，そういうことは一切なくなったと理解していいのですか。

(ケ)　今でも，取調官が証言するときはしばしばありますが，テープの反訳書が追加的証拠として出されます。

(調)　まず取調官の証言ですか。

(ケ)　そうです。メインは取調官の証言です。

(調)　問題は，自白がどのように証拠になるのかです。今のお話ですが，テープ録音をしているのに，まず，取調官が「私の前で彼はこのように自白した」ということを証言する必要があるのでしょうか。そうしなければ，録音テープは有罪無罪の証拠にならないのですか。いきなりテープが証拠とされても，いいのではないですか。

(ケ)　証拠法の技術的な問題だと思います。というのも，録音テープを含むどんな証拠も，真正かつオリジナルのものであるということが証明されなくてはなりません。そのことを誰かに証言させる必要があるのです。

(調)　では，テープの真正性を争わなければ，取調官の証言は必要ないということですね。

(ケ)　通常は，そのことを取調官に証明させなくてはなりません。多くの事件では，録音テープの内容について争いがないときは，取調官に要約を作成させる方が，録音テープ全体を法廷で再生するよりも，時間的に早いのです。

■　弁護人の取調べ立会

(調)　依頼人が逮捕されたとき，弁護人に別の仕事が入っていて，取調べに立ち会えないときには，どうするのですか。

(ケ)　このことは，PACE後何年間かは，大きな問題となっていました。法律家は，警察署において依頼人にサービスを提供するために，法律事務所自体を再構成する必要が生じました。

今でも多くの問題が存在します。多くの弁護人はパラリーガルを雇い，警察署で立ち会わせています。これは不満足な状況を生んでいます。というのも，パラリーガルの多くは，法律的訓練をあまり，または全く受けていないからです。

そこでソリシター協会は，パラリーガルが警察署に出向くために，ある試験に通らなくてはならないことにしました。ですから，実際には，そのような試験によって，パラリーガルと法律家と，彼らを雇用する人々の状況が改善されていったのです。

警察は，24時間，昼夜週末問わず人を逮捕します。そこで，法律事務所はいつでも警察署に人を派遣できるように，構成そのものを変えなくてはならなくなりました。

大きな事務所はスタッフに恵まれているため，順番に仕事をこなせます。それであまり問題は生じませんでした。しかし，特に，小さな事務所では，問題は問題として今も引き継がれています。

大都市では，法律事務所は警察署サービス（Police Station Service）を事業化しています。もしも私が警察署エージェンシー（Police Station Agency）を経営するとします。私は，自分の登録簿に10人の法律家を記載しておきます。そして，忙しくて警察署に行けない弁護士から電話を受けて，代わりに私のエージェンシーから人を派遣します。

(調)　そのエージェンシーは法律家ですか，民間人ですか。

(ケ)　資格を持ったパラリーガルと法律家によって構成されていま

す。個人的には，それが最善の解決策だとは考えていませんが，特に，小さな刑事弁護士事務所には実際にプレッシャーがかかっているのです。このようなことも一因となって，現在，刑事弁護を行う事務所の数は少なくなり，規模が大きくなってきています。他にも理由はありますが。

■ イギリス刑事司法の今後の課題

（調）　取調べのテープ録音が導入されましたが，なおかつ残されている問題はどのようなものですか。

（ケ）　最大の問題は…，説明が難しいのですが，政府が刑事弁護人に対して，ここ何年か強い攻撃を加えているということです。

それには，いくつか理由があります。まず，経済的な問題で，法的扶助のコストが非常に上昇しています。また，他の国もそうですが，「法と秩序」が政策課題に挙げられています。選挙の関係でそのようなことがあります。

そして政府は，国民を味方につけるために，刑事弁護人は豊かな生活をしていると宣伝しています。ほとんどの刑事事件は，法的扶助でまかなわれており，実際に依頼人からはあまりお金は払われていません。そして，法律扶助の報酬基準はとても低いのです。

それから，大きなところでは，公設弁護人制度の問題があります。公設弁護人は，政府から直接に雇われています。現時点では，小規模な実験がおこなわれていて，６つの都市でだけ，公設弁護人制度がとられています。

しかし，私的に雇われる刑事弁護人たちは，その将来に懸念を抱いています。先週のローソサエティ・ガゼット（Law Society Gazette）には，刑事弁護人の三分の一が，コスト面等の理由から，将来は刑事弁護の仕事をあきらめようかと考えている，という記事が出ていました。

導入後にも生じている最大の問題は，警察による証拠開示の問題です。多くの刑事弁護人は，現状を不公正だと考えています。そして，黙秘権の行使により，不利益が生じることをおそれています。というのも，警察は，告発の前に何も開示する義務がないからです。

（調）　留置記録が開示されるので

はないですか。

（ケ）　留置記録は開示されますが，証拠そのものではありません。ですから，証拠開示というのは今でも一番大きな問題です。

もう一つの問題は，法律が変わっていくスピードが速すぎるということです。法律家が，新しい法律についていけないのです。過去６か月で，PACE の実務規程が大きく変わりました。

公判段階でも，今だに問題が残っています。刑事裁判所に関する再検討が昨年行われました*。政府による白書が来週出されます。おそらく秋には立法化されるでしょう。

* これは，Review of the Criminal Courts of England and Wales, Report（TSO, 2001）を指す。

主要な政策課題は，裁判の迅速化です。そしてそのことによって，被告人の権利保護の多くが取り払われてしまいます。例えば，政府の白書は，裁判所は陪審が評決に入る前に，被告人の前科を知るべきであると提案する可能性が高いです。

（調）　大きな問題の中に，警察の取調べが不適正であるということは，もう入らないのですか。拷問，脅迫，誘導，こうした取調べが行われるということは，もう大きな問題の中には入らないですか。

（ケ）　もう今や大きな問題ではありません。私が思うに，弁護人の立会や取調べの録音によって，警察における劣悪な取り扱いという問題は減少しました。

まず，警察による劣悪な取り扱いという問題ですが，あることはありますがそれは，路上で殴るというような，警察署の外でのことです。警察署の中ではありません。

警察署で最近２,３年の間にビデオカメラが導入されています。留置事務室にビデオカメラを入れています。留置事務室は，逮捕された人が連れてこられて書面に記載をしたり，告発されるかどうかが決められる場所です。

多くの警察署には，留置管理室があります。そこをビデオで録画するのです。ですから，手続全体が可視化されます。劣悪な取り扱いを受けたりしたら，被疑者は留置管理室にやって来ます。留置の間に，何度も被疑者が行くところなのです。そこがビデオに撮られます。

■　捜査段階の弁護人の役割

(調)　弁護人は，警察署で何をすべきだと思われますか。

(ケ)　実際に警察署で弁護人がしなくてはならない，とても重要なことがいくつかあると思います。

まず，警察からできる限りの情報を引き出すことです。成功するかどうか分かりませんが，まず挑戦すべきです。第二に，取調官が依頼人に対してどのようなことを言ったかを，依頼人から聞き出すこと。第三に，依頼人からきちんと指示を受けること。第四に，その事件についての事実等のデータを，依頼人から聞き取ること。第五に，警察から得た情報や，依頼人から得た情報を元に，依頼人がおかれた地位に関して，依頼人に対して法的助言をすること。第六に，その上で，取調べにおいて，質問に答えるべきではないとか，そうした助言をおこなうことです。

もちろん，イギリスでは弁護人を取調べに立ち会わせることが許されています。そして弁護人は，取調べの間依頼人を支えます。さらに弁護人に期待されているのは，公正に振る舞うことにより取調べに介入することです。

(調)　先ほどの，弁護人による助言がひどかったために無罪になった事件は，どのような事件でしたか。

(ケ)　事件についてお話しする前に，二つの重要な証拠排除法則について言及しておきます。これは，PACE の 77 条と 78 条です。また，圧力を加えられて得られた自白や，自白がなされた状況が信用できない場合に，そうした自白を排除するという条項は 76 条です。78 条の方がより広い証拠法則で，裁判所は不公正に獲得された自白を証拠排除する裁量権があることが書かれています。もうひとつの 77 条は，適用される場合はより少ないのですが，弁護人の水準が低いという理由から自白が排除される証拠法則が規定されています。

今年の初めに起きた，13 歳の女の子と 15 歳の少年が関わる事件についてお話ししましょう。

このような場合はしばしば起きるというわけではないのですが，このふたりの子どもは，スーパーに放火をしたという被疑事実で逮捕されました。

この事件では，700万ポンドの損害が発生しました。現住建造物放火罪にあたりますので，事件はますます深刻でした。警察署で，この二人の子どもは，当番弁護士の派遣を要請しました。

ソリシターは，はじめに少年に会いました。少年は，「僕はやっていない。女の子がやったんだ」と言いました。そのソリシターは，次に女の子に会いました。女の子は「私がやったわ。でも男の子もやったのよ」と言いました。

ソリシターは，少年に対して，取調官の質問に答えるように助言しました。それは，ソリシターが「警察は少年を証人として呼ぶだろうけれど，訴追まではしないだろう」と考えたからでした。

そして女の子に対しても，取調官の質問に答えるように助言しました。その根拠は，彼女が自分が罪を犯したと認めたからというものでした。私は，そのソリシターの行為に関して，法廷で証言しました。

私が最初に言ったのは，重大な利益相反の危険性があったのだから，ソリシターは女の子に会うべきではなかったと言うことでした。次に私は，もしも男の子に会っていない弁護人が，女の子についたとしたならば，その弁護人は，女の子に「話してはいけない」と助言したかもしれない，と言いました。

というのも，その時点では検察側の証拠はとても弱いものだったからです。警察が持っていた証拠は，少年から得られたものだけだったのです。取調べから得られた証拠を排除しようと決定することは，裁判官にとって難しい選択だったでしょう。というのも，排除されるのは女の子の自白だったからです。警察は何も間違ったことはしていませんでした。悪かったのは弁護人でした。

しかし，私はこう言いました。「女の子には，PACEにより法的助言を受ける権利がある。しかも，ヨーロッパ人権委員会で，その権利は促進されている。女の子の自白だけに基づいて有罪認定するのは，不公正だ」と。もし弁護人が適切であれば，検察側は証拠を手にすることができなかったからです。

（調）　利益相反については，全く同感です。

■　何を調査すべきか

（調）　最後にお聞きしたいことがあります。私たちはこれから，警察や刑事事件再審委員会（Criminal Cases Review Commission. 以下，CCRC）などのイギリスの刑事司法機関にインタビューをします。その時，何を中心にして聞くことが一番大切かを，教えていただけますか。

（ケ）　日本にとって有益と思われるのは，どうして警察が現在テープ録音を好むようになったのかということです。PACE が導入されてから，ずいぶん経ちました。多くの警察官は，テープ録音以外のシステムを知りません。しかし，皆さんがこれから会うリチャード・バーネット氏は，PACE 以前のことを知っている警察官です。日本の反対は警察から起こっているようですが，私の国では警察はテープ録音に反対していません。彼らは，テープ録音があって，ハッピーです。だから警察が，取調べに法律家が立ち会うことをどう思っているのか，聞いてみるといいと思います。多くの警察官は，今でも取調べに弁護人が立ち会うことを気まずく感じているでしょう。

もっと一般的な質問では，取調べの目的は何なのかということです。これは，警察と刑事弁護人との間で議論になっています。刑事弁護人は，取調べの第一の目的は，訴追のための証拠を手に入れるためだ言っています。しかし，警察は…私はちがうと思いますが…，真実発見のために取調べをおこなうと言っています。聞く価値のある，面白いことだと思いますよ。

（調）　ありがとうございました。

第2節　取調べ可視化と捜査弁護の実際
——バーミンガム公設弁護士アンドリュー・ギルモア氏に聞く

調査日　2002年7月10日
バーミンガム市内所在の公設弁護士事務所にて

はじめに——公設弁護士事務所プロジェクト

イギリスでは，刑事事件の弁護人依頼権を保障するために，当番弁護士制度が充実している。この「当番弁護士」を供給する一手段として実験的に立ち上げられたのが，「公設弁護士事務所」である。2001年から順次6地区に同事務所が設立される。プロジェクトは4年継続し，その業務等について専門家の評価を受けることになっている。事務所の運営資金は，政府が支給する。法律扶助協会（Legal Aid Board）に代わる新しい法律サービス委員会（Legal Serivice Commission, LSC）が管轄する。事務所の弁護士は，事務所が受理する刑事事件のみ担当する。捜査段階から治安判事裁判所の諸手続，刑事法院など一審手続，控訴審まで担当する。

2002年7月のイギリス訪問時で，5つの事務所が開設されている（リバプール，ミドルバロー，スウオンジー，チェルトナム，バーミンガム）。バーミンガムは，2001年7月11日に開設されたので，我々が訪問した前日が開設1年目であった。所属弁護士は4名。代表は，リー・プレストン氏である。

我々の取材に対応してくれたのは，ソリシターのアンドリュー・ギルモア氏であった。約1時間にわたり主に取調べと弁護人の役割を巡り詳細な説明をしてくれた。以下，内容を要約する。

インタビュー（要約）

(1) PACEの意義

PACEとこれに伴って制定された実務規程により，被疑者取調べにあたり取調官は何をすべきか，被疑者一般ならびに各種障害のある被疑者がそれぞれいかなる権利を認められるべきか，取調べについていかなる手続に従うべきかが詳細に定められた。PACEと実務規程は，警察署における警察自身の権限を定めているバイブルといっていい。PACE以前は，取調べのやりかたは各警察本部毎に異なっており，特段の統一性はなかった。これに対して，PACEは，取調べのあり方について統一的な基準をもたらした。同じ手続を同じ方法で履践しなければならない。これと異なる措置は誤りとされるのである。その場合，得られた供述は後に裁判所の裁量で証拠能力を認められなくなる。この点について，PACE 76条は，自白の信用性に疑義を生じる事情があるときに，裁判所がこれを証拠から排除する権限を定めている。また，同78条では，手続が不公正であるときにも証拠を排除できると定めている。

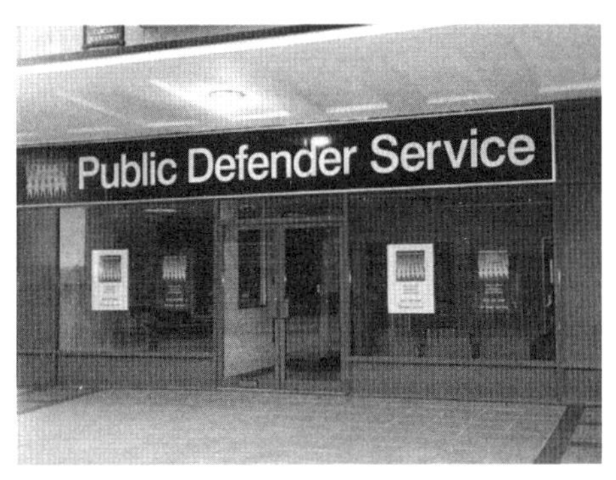

(2)　被疑者取調べ

被疑者が逮捕された後，警察署に連行されると，留置管理官による留置手続がおこなわれる。その後に，取調べが行われる。むろんすべて録音されることになる。被疑者は，あらかじめテープが封緘されているものであり未使用であると説明を受ける。封は被疑者の面前で破られた上で，録音機にセットされる。ボタンがおされる。ピーという高音の音が20秒間聞こえてくる。この段階で，取調官はあらかじめ取調室に用意されている警告書を読み上げる。おおむね次のような内容になっている。

「この取調べは録音されている。自分は，警察官某である。取調べを担当する。所属は○○警察署である。」

次に，被疑者が氏名を名乗る。理由は，ふたつある。まず，後にテープが反訳される場合，どの声が誰のものであるのかを明確にするためである。そして，被疑者が現に取調室に現在していることを確認するためである。

少年・精神障害のある者など特別な保護を要する被疑者の場合，「適切な成人」の立会を要するので，この段階でかかる立会者が氏名を名乗る。同時に，取調官は，かかる立会人にその役割について説明する。彼らは，単に取調べを見守るのではなく，必要な場合被疑者の意思表示を助けるために居るのである。

この後に，弁護人が氏名を名乗る。

弁護人によって，このときに一定の陳述をする場合がある。私自身は，次のようなコメントを述べるようにしていた。

「私の名前は，アンドリュー・ギルモアです。私は，当番弁護士として立会しています。この段階で，私の任務を被疑者に説明することを求めます。私の任務は，依頼人の基本的な権利を保護することにあります。取調べの間，被疑者に助言を継続的に与えます。私の助言を受けた後に，被疑者は質問に答えるか否か判断します。これは，我々の相談の結果によります。もし被疑者が黙秘権を行使した場合にはその判断を尊重してもらいます。被疑者が助言を求めたときにはこれを行います。また，あなた方の取調べが不適切な場合，抑圧的な場合，関連性がない場合，繰り返しにわたる場合，あるいは事前に我々にあらかじめ告知されていない資料に基づいて説明がなされた場合，依頼人に助言を与えます。」

⑶　捜査段階の証拠開示

通常，被疑者取調べに先立ち，その段階で警察側が手持の証拠に関して開示をする。これに基づいて，弁護人は依頼人に助言を与えることができる。ところが，ときに警察側が証拠開示をしようとせず，あるいは抵抗を示すことがある。また，あらかじめ開示された証拠に関しては，どう応答するか準備できるが，後に開示された証拠と被疑者の供述とが矛盾していることも生じうる。そうした場合には，「証拠がすべて開示されていないので，質問に答えないように」と被疑者に助言することが適切な場合がある。

通常は，被疑者取調べ段階での証拠開示としては，警察がその時点で手持のものすべてについて行われる。目撃状況に関する証人の供述，犯罪申告者の供述など。また，精液，繊維片など法科学の対象となる物証などがあれば，そうしたサンプルを押収している旨の説明がなされる。むろん，その後さらに分析がなされることとなり，それがどのような結果をもたらすかはわからない。しかし，そうした資料が存在していることは知ることができる。あるいは，被疑者の着ている服をちょっと見たいと申出がなされることもあるし，これから被疑者宅を捜索し，衣類の差押を行う予定であると告げられ，その捜索・差押の後に取調べがなされることもある。

こうした開示は，口頭でなされることも多いが，供述調書などのコピーが渡されることもある。これは，すべて警察官の裁量によって決められる。捜査に忙しいときにはコピーをしているよりも内容を要約して説明することもある。ときには，コピーをもらえることもあり，そのときには依頼人とともに内容を検討した上で取調べに臨む。また，コピーは渡されないが，それに代えて，警察官の事件記録から直接供述調書を閲覧することを認められることもある。

⑷　取調べと 1994 年法

取調べにあたり，取調官は 1994 年刑事司法・公共秩序法 34 条に基づく警告を発する。同条によると，被疑者が，本法に基づく警告を受けた後に，取調べの際一定の事項について供述をしなかった場合，公判廷で陪審または裁判官は，一定の推論をすることが許されている。さて，取調官は，取調べの開始にあたり，次のように警告を発する。

「あなたは何も供述する必要はありません。今，質問を受けて供述しなかった事項について，後に法廷で防御のために主張しようとしても，今ここで述べておかなければ防御に不利益をもたらすことになります。あなたが述べたことはすべて証拠になります。」

2行目が34条に関わる。被疑者取調べが，事件について説明する最初の機会である。そのときに被疑者が何も述べず，あるいは何か述べたところ，後に明らかになる証拠と矛盾し，または被疑者が後に異なる説明をした場合，陪審員や裁判官は，説明をしなかった事実あるいは矛盾の存在から不利益な推論をすることが認められている。

その意味で，被疑者取調べでは，34条が機能する関係で，この段階から防御の方針を策定していかなければならない。

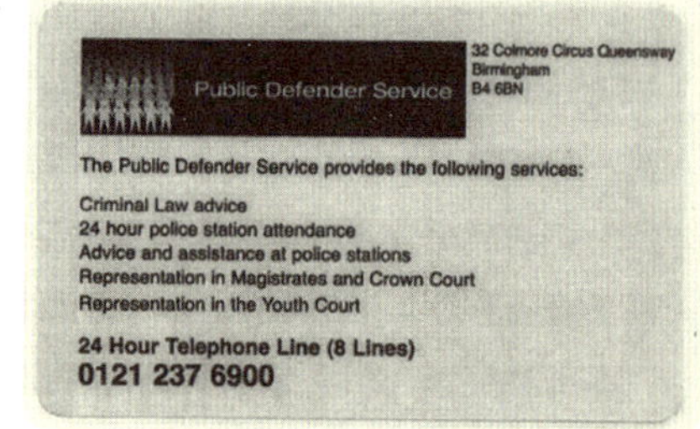

その際，被疑者に対する助言として，黙秘をすすめるかどうかはむずかしい。有罪を早い段階で自認したほうが被疑者にとって利益になることもある。有罪の証拠が圧倒的であることがわかっている場合であれば，それに応じた助言をすることになるのは当然である。しかし，そうした適切な助言をすることが無理な場合もある。科学鑑定の結果がどうなるのかわかっていなかったり，証拠の質に疑義があったりする場合である。その場合には，黙秘権行使を

助言することもある。その上で，後に，警察側が事件をもっとしっかりしたものに固めることができた場合，あるいは，科学鑑定の結果がでたと説明されたり，目撃証人がもうひとりみつかったなどと説明された場合には，被疑者にどんなことがあったのか説明するように助言し，端的に有罪を認めるように助言することになる。

(5)　取調べの技法

警察官はよく訓練を受けている。取調べ技術に関する研究も進んでいる。弁護人はそれに対応しなければならない。その意味で，取調べは一種の駆け引きである。

例えば，警察官は制服を着用するように訓練を受けている。制服，知的でスマートな居ずまいで職務に就いている。ところが，被疑者は早朝逮捕されることがある。もともときちんとした服装はしていない。また，科学鑑定のために着衣が押収されていて，ジャージなど惨めな格好でいることもある。他方，弁護人も接見のために早朝呼び出される。そんなとき，弁護人がジーンズとＴシャツ姿で出てくることがある。しかし，私は，早朝4時の接見であっても必ずスーツとネクタイ姿で出かけることにしている。法廷に出廷するのと同じようにきちんとした服装をする。というのも，警察官の側はきちんと制服を着用している。権威の所在が示されている。これに対して，ジーンズとＴシャツ姿の弁護人であっては，被疑者の信頼を勝ち取ることがむずかしい。

取調室のレイアウトについても注意が払われている。通常は，四角い机が中央に一つあり，取調官用の椅子がふたつほどある。取調官は，弁護人用の椅子は被疑者の直接の視線から外側になる位置に置くように訓練を受けている。被疑者と弁護人の間に人工的にバリアーを設けるのである。こうすることで，ささいなことであるが，弁護人が被疑者に与える助言への信頼度を幾分軽減することができるのである。

取調官が被疑者をファーストネームで呼ぶのも技術である。インフォーマルな雰囲気を作る。初めて会った場合でも，それで，親しみのある雰囲気を作り出すのである。フォーマルな雰囲気を消す努力である。大勢の市民の一人ではなく，一人の人格のある主体であると扱うのである。だから，私はときに「失礼，依頼人は，ファーストネームで呼ぶことに同意していませんので，姓で呼ぶようにしてください。また，『サー（Sir）』をつけるようにしてもらえますか」と介入することがある。

取調官は，被疑者に次のように語りかける。「これは，君自身が事件について説明する機会だ。むろん，弁護人の助言はあることは我々も承知している。しかし，これは君自身の口で我々に説明する機会だ」。こうして，被疑者が弁護人の助言に疑惑をもつような働きかけをするのである。かくして，「もし今被疑者が自ら事件について説明をしなければ，後々不利益になる」と思いこませるのである。被疑者と弁護人の間にくさびを打ち込むのである。かくして，自白を引き出しやすくするのであり，捜査全般をスムーズに進捗させるのである。

インフォーマルな取調べは，現在でも行われていると疑う余地はないではない。被疑者を自宅で逮捕し，手錠の上パトカーに入れて警察署に連行する訳であるが，取調べのための警告をした上で，車内で警察官に囲まれたまま取調べをされるのである。そんなときにどんなことがなされるかは分からない。この場面であれば，口頭で述べたことを書き留めることが求められているものではないだけに，PACEをくぐり抜ける余地はある。

一般には，もし被疑者がパトカーの中でなにか供述をした場合，警察官は署に到着後直ちに備忘録に内容を書き留めなければならない。「あなたは，パトカーの中で，かくかくしかじかと述べた。これはあなたの供述として正確か。もしそうであれば，この備忘録に署名をしてもらいたい」。これはよく行われている実務である。

⑹　取調べと弁護人の立会

警察署に来た弁護人は何をするか。戦略は種々であるが，まず，留置記録を点検する。ここに逮捕，留置されている理由が記載されている。次に，捜査担当の警察官に面会して証拠開示を求める。口頭で説明する場合もあれば，証拠のコピーをもらえることもある。どんな証拠があるのか，どんな理由で逮捕されたのかなどについては捜査官が説明する。

こうして，事件の性格を知った上で，接見をする。まず，被疑者が取調べに適した状態かどうか，酩酊していないか，疲れていないか，確認する。むろん，留置自体が適切かも点検する。健康上精神上取調べに適していない状態であれば，その旨捜査官に伝える。被疑者はPACE上休憩をとる権利が認められている（8時間，自由かつ取調べや移動なしにすごせる時間。睡眠もとれる）。

そして，被疑者と証拠を討論する。その強弱を判断する。被疑者にどうするか決定を求める。被疑者がどうしたいか決める。全部認める，一部認める，この段階では証拠開示が十分でないので，コメントをしない，正規の供述をする・しない等の対応を決めることになる。

取調べに立会した場合，弁護人はプロとしての責任を果たさなければならない。意見を求める質問であれば，コメントをするなと助言する。質問が適切でないとき答える必要はないと助言する。反対尋問と同じである。

取調官が，「証拠がどうであれ，私は犯人が君であると確信している」と述べたとしよう。これは，証拠に基づく質問ではなく，取調官の意見に留まる。そんな場合には，私は被疑者に「質問に答える必要はない」と助言する。

取調官が，「我々は，君がやったと信じている」という質問に対しても，答えるなと助言する。また，「今ここで答えないのであれば，我々はガールフレンドの家を捜索に入る」「自宅の捜索をする。近所中君が逮捕されたことを知ることになる」と述べることもあろう。これらは明らかに圧迫を加えるものである。このときにも，「今のは，脅迫による質問です。これ以上，依頼人がかかる取調べに参加する必要を認めません」と介入する。

場合により，捜査官の説明が真実に反すると思われる場合，「あなた方は真実に基づく説明をしていると思えない」，あるいは「証拠開示が十分でない」，それで，「この段階では被疑者に質問に答える必要はないと助言します」と宣言する。

第3節　ソリシターのみる取調べ録音
——ソリシター・ロジャー・イード氏に聞く

調査日　2002年7月12日
ロンドン市内のレストランにて

はじめに

ロジャー・イード氏について簡単に紹介する。1971年ソリシター資格取得後，刑事弁護のエキスパートとして活躍。ソリシター協会刑事法委員会事務局長を経て，現在はソリシター協会法改正理事会理事および国際プロジェクト・グループ・リーダーをつとめる。また，治安判事裁判所裁判官（Deputy District Judge; Magistrates' Courts）としても活動している。多くのメディアに対して刑事弁護に関する助言を行うほか，他国からの要請に基づき，訓練プログラムの講師として裁判官の指導にあたっている。

ロンドン市内のバウ治安判事裁判所

主な著作は以下の通り。The Magistrates' Court: A Guide to Good Practice in the Preparation of Cases (1995),

Active Defence: Solicitor's Guide (1997), Criminal Defence: The Good Practice Guide (1999), Criminal Defence: Good Practice in the Criminal Courts (2002) (いずれも Law Society Publications)

1999年には，日本弁護士連合会，大阪弁護士会，兵庫弁護士会および一橋大学において，主として証拠開示問題について講演をおこなった（日本での講演については，刑弁情報第11巻1号2-23頁(2000年)および季刊刑事弁護第21号134-135頁（2000年）参照)。

インタビュー（要約）

■ PACEのもたらしたもの—取調べの規準化

PACEの導入は大きな意味があった。取調べのテープ録音が導入されてから，証拠の質はかなりよくなった。警察署で被疑者が何を言ったかについて，かなり信頼が置けるようになったからである。それ以前には，被疑者が述べていないことを調書に書いたのではないかが問題になった事件がたくさんあった。会話をでっち上げることもあった。テープ録音こそ100%の改善を意味する。はるかにすぐれた実務をもたらした。

PACE以前では，信頼を置くことはできなかった。警察官はいつでも，何でも自分の書きたいように書いていた。まるで，それが取調べの中で実際に起きたように見せかけて。

PACE以前，自白については，その信用性に問題があった。被疑者は，警察署から出たい，その方が便宜だ，後で修正できると思ったといった理由で自白することがあったし，他方，警察は取調べにおいて巧みな働きかけをして被疑者から自白を引出すようにしていた。警察側は，被疑者は有罪だと確信している。したがって，説得して自白させることは正当であると考えていた。また取調べに関して，各警察署毎にルールがあった。

被疑者の方では，「実際には取調官の書いたようなことを被疑者は言わなかった」と明らかにしたくても，そのための手段が全くなかった。したがって，取調官は，簡単にでっち上げをしたり，何か付け加えたりすることができた。

PACEの後，大きな変化が生じた。

PACEが実施されて，テープ録音が導入されると，警察署での被疑者の供述の信用性に関する議論はほぼなくなった。録音テープの内容がおかしい，という主張がされたと聞いたことはない。録音テープに関連する争いとしてあるのは，前科について触れている部分を削除しろといったものである。録音テープの証拠能力が認められた後で，信用性を争おうとする人はいない。

■「黙秘」,「合理的疑いを超える証明」と取調べ

(1)　事件を裁判所に送致するには，陪審がそれだけを見たら被告人を有罪とするだろうと思われる，十分な証拠がなくてはならない。それが，検察側の主張が「一応の立証があること（prima facie）」だ。

だから，取調べで被疑者が何も言わなかったとしても，それでもなお，検察側の主張はprima facieでなければならない。検察側主張がprima facieであるならば，陪審が被告人を有罪だと確信するにあたっては，被疑者がしゃべったかどうかというのは，追加的な証拠と言える。被疑者が何も言わなかったという事実だけで誰かを有罪とするに十分な証拠を揃える必要がなくなるものではない。

PACEは法廷における有罪立証の水準には何の影響も与えていない。PACEによって変化が生じたのは，警察署における被疑者の留置と取調べの状況の範囲内に限られる。この点で変化を生じさせたのは，1994年刑事司法・公共秩序法だ（＊編注．以下，94年法と略する）。

94年法は，被疑者が取調べのときに黙秘したとき，そこから事実の推認を認めた。取調べの時点では弁解がなかったものと推認することができる。その意味で，単純に比較すると，PACEは，取調べにおいて被疑者に権利を与え，94年法は被疑者から権利を奪ったと言える。

(2)　もっとも，この法律の下でも，被告人を有罪にするだけの証拠があるとき，被告人が黙秘したことから引き出される不利益推論と合わせ

て，「十分な証拠がある」と主張することができるようになったのに留まる。

これは陪審に対して次のように問い，有罪の答を導くことができるようになったことを意味する。

第一に,「被告人を有罪とするに足る証拠があると思いますか」「はい，あります」。

第二に,「被告人が黙秘したことから推論を引き出しますか」「はい，そうします」。

第三に,「その二つを合わせて，被告人が有罪であることに満足しますか」「はい，します」。

だから，いつでも，被告人を有罪とするために十分な証拠がなくてはならない。十分な証拠があるかどうか判断する段階では，取調べにおける黙秘を勘定に入れることはできない。

したがって，94年法は，実はそんなに大きな影響を与えていない。裁判所は，被告人の黙秘の事実からそう単純には不利益な推論をすることはない。様々な正当な理由が存在するからである。

推論は証拠にごく一部を加えるのに留まる。他の証拠によって一応の証明ができることが前提である。

議会は，この法律によって自白する被疑者が増えることを期待したのであるが，実際には有罪を推認できるためには，他の証拠によって一応の証明ができ，それに黙秘を付け加える場合である。

■　PACE後の取調べと法律家の任務

(1)　PACEは,1984年に公布され1986年に施行されたが，拘束中の被疑者の取り扱いと取調べにおける警察のすべきこと，してはならないことを明確にした点で大きな意味をもつ。被疑者の意思を蹂躙することを許さないというのがPACEの基本である。この結果，PACEは，証拠が信用できるものとなるべき条件設定をした。

ただし，捜査機関にとっては，被疑者から自白を得ることが，今も取調べ，捜査の重要な目標になっている。

自白を得られないことは失敗であり，自白は成功である。自白が真実かどうかは関係ない。彼らは，すでに有罪と確信しているのであるか

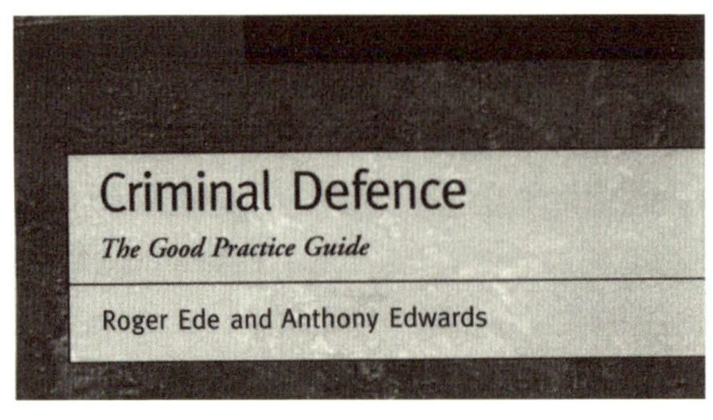

ら。

そうだからこそ，PACEの後であっても，法律家が十分な訓練を受けていなければ，警察の不当な働きかけを見抜くことはできない。警察の取調べ技法を見抜き，それを摘示する技能を身につける必要がある。

(2)　例えば，次のような取調べ技法とこれへの対応を身につける必要がある。

◆「沈黙」の活用(1)　　警察は取調べの際に，沈黙を巧みに使う。ひとつの技法は，沈黙である。「侵入盗をやったのは君だろう」と聞く。被疑者が否定する。その後，なにもいわない時間を入れる。

これに対して，法律家は，この沈黙の時間に対して，「今，私の依頼人は答を述べている」と介入しておかなければならない。

◆「沈黙」の活用(2)　　また，最初になんでもない質問をする。例えば，「この壁の色，どう思う」と聞く。被疑者が「まあ，いいんじゃない」などと言った応答をする。次に，警察官が，「君は侵入盗をやったのか」と聞く。これには沈黙する。依頼人は，意味ないことには応えるが，より重要な質問には答えない。こんな応答の流れを作り出す。

◆答えの暗示　　取調べを行うときに，取調官が答を暗示することもある。

取調官は，例えば，「その青色の車は，どんな状態であったか」と聞く。本来であれば，「車は何色であったのか」とまず聞くべきである。

言葉を巧みに使うことで答を示唆することがある。研究によってこんなことが明らかになった。

「後の車が前の車に“smash”したとき，スピードはそんなに早くはなかったのですか。それともかなり速かったですか」と聞く。この“smash”という言葉を使うことにより，すでに答を示している。このように聞かれると，「スピードはかなり早かった」と応える傾向がある。

他方，「後の車が前の車を“hit”したときには，スピードはかなり早かったか，そうでもなかったか」と聞くと，「そう早くはない」と応える傾向がある。というのも，“hit”にはスピードに関する示唆が含まれておらず，ぶつかる状態を示しているだけである。

特に取調官が証人の取調べをするときには，言葉の選び方自体によって期待する答を暗示することがある。

◆下手な取調べ　他方，取調官の取調べのやり方は一般的にはさほどうまくはない。実際のテープ録音を再生してもやり方が下手だ。

取調べの際の質問についても，よく練って，よく計画しているものではない。質問は単純明快だ。取調官による取調べの訓練は，十分ではない。

むろん，外国人研究者が調査で訪問したときに会う警察官はよく訓練もつんだリーダー格の者である。

しかし，例えば，ここロンドンの中華料理屋から表にでて，道の石を拾って窓にぶつけて割ってみたらいい。現場に到着する警察官が質問を始めるが，どれだけ下手であるかすぐにわかる。

◆適正なスピードの確保　取調べのスピードアップも問題である。テープ録音は，質問を迅速に聞くことができる。その意味で，被疑者にとって不利な面もある。PACE以降，取調べは迅速に，質問は矢継ぎ早に行われる面がある。被疑者が適切に対応できないことがある。また，ふたりの警察官が質問をする場合などに，質問が重複するとき，被疑者が「はい」と応えたりした場合に，どの質問に応えたのか不分明になるおそれがある。

そうした場合にも，弁護人は，適切なペースで取調べがすすむようにしなければならない。弁護人が介入して，「質問はなんだったのですか」，「あなたの答は？」「次の質問はなんでしたか」「あなたの答は？」と交通整理をしなければならない。

(3)　法律家が学ばなければならないのは，このような問題になる警察の取調べ技法について，これを見抜き，そうした手法が使われていることをテープに記録するためにも明確に摘示した上で，中止させることである。それができる技法を身につける必要がある。取調べのやりかたに異議があるとき，テープ録音を再生できる。誰でも後に聞くことができる。異議をしたかどうかもわかる。

そうした法律家向けマニュアルの策定には，心理学者も加えて執筆する必要がある。取調べについて専門的に研究している心理学者である。彼らは，警察の行動を研究し，取調べテープ録音を検討して，分析する力がある。そうして，被疑者が自然に話しをしているのか，説得の上話しをしているのかを分析することもできる。

法律家が立会していたにも関わらず，不当な取調べに対する異議をその場で留めていない場合でも，後にその部分を違法として証拠排除を求めることはできる。しかし，証拠排除はあくまで裁判官の裁量による。陪審員に，違法な取調べがなされているので一定の部分について無視するように指示するかどうかは，裁判官次第である。

ちなみに，裁判官は，検察側バリスター*の主張に傾きがちである。裁判官は，前科があることなどを知っているからである。

* バリスターが公訴局の依頼により弁論を行う場合の呼称。バリスターは，公訴局と被告人のどちらの代理人としても，弁論を行う。

■　PACE と取調べの諸問題

(1)　警察署における正規の取調べの他に，インフォーマルな取調べが行われているのかどうかについては，それはあってはならないものである。PACE の下では，すべて取調べは記録されるべきである。被疑者の供述をテープ録音できない状態での取調べはできない。

ただし，警察署へ連行中の場合は，PACE のもとでも弱点といえる。その改善策として考えられるのは，警察官が制服に録音装置を装着しておくことである。すべてを録音する。被疑者との間の会話はすべて録音することが将来実施されるべきであろう。

(2)　取調べや留置の適正化とこれをチェックするシステムのあり方は問題である。チェックするためには，記録が要る。また，多くても少なくてもチェックできない。さらに，記録が多いとそれに人がとられる。高給を与え特殊なトレーニングを積んだ警察官にこうした事務処理を負担させるのは問題である。バランスはむずかしい。

可能なこととして，録音テープや留置管理のあり方に関するビデオがあるときには書類にはそれほど記入しないようにすること，もし疑義がだされたときにビデオなどを再生して確認すればよい。もうひとつの方法は，留置管理の業務については，一切書類は作らないことも考えられる。どの方法がよいかはむずかしいところである。

もうひとつ別な問題がある。現時点での警察に配置されている装備が古いことだ。また，警察官が技術に追いついていない。キーボードを打つスピードが遅い。IT を使って記録化をスピード・アップする必要がある。また，今すでに内部事務を民間人に委託する運用が行われている。

(2)　PACE と 94 年法の後，次にどのような改革が予想されるかについては，まず，陪審裁判に際して，被告人の前科をあらかじめ法廷で開示できるようにすることを挙げることができる。次に，証拠法の緩和，特に伝聞を許容できるようにすること，その点について，裁判所が証拠を認容する裁量の幅を広くすることである。

というのも，今，世論は，刑事司法のシステムの中に取り込まれたにも拘わらず，犯人が巧みに逃げていると受けとめている。こうした世論の流れにそった改革がなされるであろう。政府は，それに伴う危険な側面にはさほど関心を払おうとしていない。

<トピックス4>　イギリス犯罪事情 (1)

・　「有罪と無罪」の狭間―マスコミ版「イギリス刑事司法」記

2002年7月6日に大阪，関西空港を出発し，翌7日夜にロンドン入りをした。そして，13日にイギリスを離れるまで7日，正味6日の短い調査旅行であったが，得るところは大であった。その6日間のマスコミ報道を通して，イギリスの刑事司法を巡る犯罪と刑事裁判の諸情勢を概観するのも調査の大事な獲得目標だ。「被疑者取調べと録音テープ化」がどのような法文化の中で実務に定着しているのか知るためである。

・　犯罪と治安情勢―「警察認知犯罪統計」対「英国犯罪統計」

内務省は7月11日にふたつの犯罪統計を発表し，翌12日から各新聞がこれを取り上げている。

インディペンデンス紙（The Independence, July 12 2002 p 4）によると，ひとつは，警察認知犯罪統計（Recorded Crime Figures）である。2001年3月から2002年4月の間の警察による犯罪の認知（recorded crime）件数に関する統計である。「内務省によると，警察が認知した犯罪総数は7パーセント増の5,520,000件である。統計の方法が新しくなった点を考慮すると実際の増加率は2パーセントの増加であるという」。新聞によると，従来と異なり酩酊者同士のけんか，軽微な器物損壊（vandalism）なども届出があれば犯罪として計算するようになったので数字が増えたもので，犯罪実数の増加を反映しているものではない，と内務省サイド自身も認めていることを紹介している。ただ，「犯罪の認知件数が2パーセント増加したのはここ7年間で第2番目である。暴力犯罪は全体として減少している。殺人は4パーセントの増である。また強盗が5パーセント増加している。自動車関連犯罪も増加している」。

もうひとつの統計は，16歳以上の市民33,000名に対する世論調査方式による犯罪統計である（British Crime Survey, BCS）。「こちらの統計のほうが通常は正確であるとみられているが，4月までの12月間の前年比で2パーセント減少し，総数は13,000,000件以下である」と紹介されている（The Independence, July 12 2002 p 4）。こちらでは，1997年以来犯罪は減少しておりここ2年で14パーセント減少している。内務省サイドは，こうした統計に基づいて「犯罪全体は昨年は安定していた。大勢の市民に関わる強盗や自動車犯罪などの犯罪も近年の犯罪の大幅な減少の中にあっても低いレベルに留まっている」との見解を示している。

しかし，「影の内閣」の内務大臣を務めるオリバー•レトヴィン氏は「犯罪統計をどうごまかしても，都会の真ん中に住んでいる者なら誰もが知っている事実がある。町を支配しているのは法と秩序の力ではない。支配者は，ギャングと薬物ディーラーだ」。

内務省が BCS の統計と警察犯罪認知件数の統計を同時に発表したことについても疑義が提起されている。

デイリー・メール紙（Daily Mail, July 12 2002, p 1, p 6,）は「BCS では，犯罪は一般に 2%減少している。この統計は，毎年 33,000 人に犯罪経験を記入する質問票を用いている。しかし，BCS の統計でも，強盗は 17%増加したことを認めている。さらに，BCS の統計は，サンプル数が少なすぎるため犯罪のひとしずくしか記録することができないので，信用性は高くないという警告もある。また，16 歳以下の者の犯罪経験，ビジネス関係の犯罪や薬物犯罪の記録は採っていない。他方，警察認知犯罪統計(Recorded Crime Figures)は，イングランド，ウェールズで何人に対してであれ発生したあらゆる犯罪を測定するシンプルなものであり，警察自らが記録しているものだ。だが，内務大臣ブランケット氏は BCS は『市民の犯罪経験をもっとも正確に測定していると幅広く受け入れられている』と強調している。かくして，彼は，犯罪全体は『従前から犯罪減少傾向が続いているが，これに引き続いて昨年は安定した状態に留まっている』と述べている。……だが，統計処理方法の修正を考慮しても，警察統計上窃盗が 3%上昇していることは明白だ。自動車犯罪も 1%増加している」とする。

本紙の基本トーンは，「内務省は，英国犯罪統計の数字を同時に公開にすることで悪いニュースの割引を試みている」という点にある。

どちらの統計に依拠しつつ，いかなる政策を引き出すのかは難しい課題のようだ（渡辺・記）。

＜参考＞統計数字については，Crime in England and Wales 2001/2002 参照（http://www.homeoffice.gov.uk/rds/pdfs 2/hosb 702.pdf）。

ncerned at rise in robberies..

PERCENTAGE RISE IN CRIME

Violent crime rose 11% to more than 812,000 incidents

Crime	Increase
Murder	4%
Attempted murder	21%
Common assault	11%
Race attacks	10%
Robbery	28%
Sexual offences	11%
Reports of rapes of women	14%
Rapes of men	11%
Aggravated house burglary	14%

DOGS AND BULLETS

POLICE should use special attack dogs and plastic bullets when threatened by the most dangerous thugs, it was urged yesterday.

The dogs would seize criminals instead of just cornering them and barking.

And the bullets would cut deaths among villains shot by officers in fear of their lives.

The double measure was urged by the Police Complaints Authority, which is investigating four fatal shootings by police last year and three non-fatal ones.

A year ago Merseyside Police shot dead schizophrenic Andrew Kernan for allegedly refusing to drop a large samurai sword. The force had attack dogs but they were too late.

- Violent crime up 11%
- Rapes increase by 14%
- Robberies rise by 28%

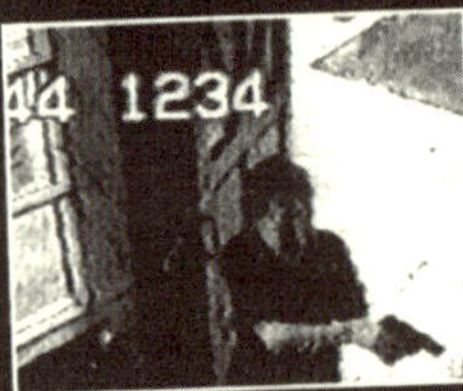

RISE IN ROBBERY OVER 8 YEARS

The number of robberies in the last eight years were:

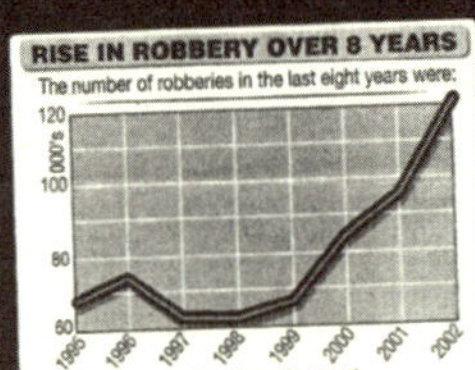

(Before 1995 figures collected every four years)

THE COST OF DRUGS

AROUND 90 per cent of burglaries, phone and car thefts, shop robberies and muggings are committed by criminals who need money for drugs.

A senior detective with West Midlands force said, unlike people who commit offences because they are drunk, most of these crimes are carried out by people who haven't taken drugs at the time.

He said: "They are just carrying out the crime to pay for the drugs they crave.

"There is a subtle difference. Alcohol and violence are inextricably linked. People get drunk and fight, they beat up their wives, or smash up a restaurant."

第 *4* 章　取調べ可視化と裁判実務

ロンドンにある中央刑事裁判所（「オールド・ベイリー」）

第1節　取調べ可視化とバリスター実務
――バリスター・サイモン・ワイルド氏に聞く

調査日　2002年7月11日
ロンドン・バリスター事務所にて

はじめに――バリスターからみた取調べの現状

PACEは，捜査段階における取調べの実務を大きく変えた。録音テープの存在である。そこで，調査団は，公判廷から見返したときにも，不当取調べを争わなければならない事件が減少したのかどうかも確認することにした。ロンドンで，公訴の維持を担当するバリスターの事務所を訪れた目的はここにある。取材では，ソリシターとバリスターの任務について説明を受けた後，バリスターの目を通して見た，取調べの実情とPACEの役割について聞き取ることができた。取材に先立ち，クラウン・コート（オールド・ベイリー）で陪審裁判のひとこまも傍聴した。

＊（**調**）は，調査団の，（**バ**）は，バリスターの発言である。

■ 陪審と証拠

(調)　本日私たちは，陪審裁判を傍聴してきました。陪審員ふたりにつき一冊ずつ記録が渡されていたようですね。

(バ)　それが普通です。

(調)　陪審員に渡されていた記録の量は，バリスターの持ち込んだ記録の量と比べて非常に少ないように見えましたが，なぜですか。

(バ)　殺人事件では，もちろん警察は捜査の結果たくさんの書類を作成します。例えば，多数の目撃証人による供述調書ですね。もちろん，最終的に法廷で証言するのはその中の何人かにすぎませんが，供述調書は多くの人から取られます。また警察の捜査によって収集された証拠の数も多くなります。事件を取り扱う法律家はそれらの書類全てに目を通します。

そして，陪審の前に膨大な証拠を並べる代わりに，多くの証拠に同意するのが普通です。本当に必要な証拠だけを陪審に渡すのです。

また，陪審には供述者による手書きの調書は渡されません。ですから，陪審には，私たちが呼ぶところの「証拠物（exhibits）」だけが渡されます。

(調)　証人が話をした内容をまとめた書類自体は，陪審に渡されるファイルの中には入っていないということですね。証人の供述自体は入っていないのですね。

(バ)　そうです。入っていません。

陪審は，証人席で証人が話すのを聞いて，その証言内容を覚えていなければなりません。そして結審の時点で，裁判官は陪審に対して，法律的な事項を説明し，各証人の証言内容の主要な点について思い出させます。その際，裁判官は証言内容全てを繰り返すわけではありません。

ただし，この点に関して，被告人は少し異なります。というのも，被告人の取調べはテープ録音されているからです。そこで陪審には，取調べでのやり取りが活字にされた記録すなわち反訳書（transcript）が渡されます。

（調）　どの事件でも，必ず，陪審に対しては取調べの反訳書が渡されるのですか。

（バ）　いいえ，そうではありません。

その理由は，事件によっては，被告人が取調べで質問に対して回答を拒否することがあるからです。

また，仮に被告人が取調べで回答している場合にも，裁判官によって，記録の使用が不許可になる事件もあります。おそらく，そうした事件では，警察による取調べ段階で違法な行為が存在したのでしょう。

私が今朝取り扱った事件では，取調べはテープ録音されていました。被告人側は月曜日の朝に，陪審は取調べの記録を見るべきではないという申立を，再度行う予定です。

被告人側は，検察側がそれを証拠として使用することは許されないと主張するはずです。そうなれば私は今回は検察側ですから，「どうしてですか」と尋ねることになるでしょう。

この事件では，被告人側はよい証拠，よい情報を持っています。精神科医からの証言が得られたのです。精神科医によれば，被告人の知能は低く，精神的障害があるため，取調べにおける被告人の回答を証拠とするのは公正ではないということでした。

（調）　法廷証言は，速記等によって記録されるわけではないのですか。

（バ）　法廷証言は，バリスターによって筆記されます。また，裁判所の記録方法は異なります。ほとんどの裁判所では，単純にテープ録音をしています。

しかし私には分からないいくつかの理由から，オールドベイリーでは速記録を作成しています。あなた方のご覧になった法廷で，コンピューター画面の前に座っている女性がいたと思いますが，彼女が速記記号を打ち込むと，目の前の画面に文字が現れる仕組みになっています。

（調）　そのようにして記録化されたものを，後で証言内容の確認のために陪審が見ることはできるのですか。

（バ）　それはできません。

しかし，陪審が議論をするにあたって，ある証言の内容を陪審員が忘れてしまったような場合には,「証言内容を忘れてしまったので，これこれのことについて思い出させてほしい」と紙に書いて裁判官に手渡します。通常，裁判官は自分の書いた覚え書きを見て，陪審からの質問にすぐに答えることができます。

その際，裁判官はバリスターに対して，自分の覚え書きは間違っていないかと尋ねます。また，時には正確な言葉が何だったのかが非常に重要な場合もあります。そうした場合には，裁判官は速記を取っている女性に尋ねます。速記には，もうひとつ目的があります。被告人が有罪判決を受けて控訴した時に，裁判所にとって，反訳書の存在がしばしば重要になります。というのも速記者は証人が法廷で何を述べたかを記録しています。

それに加えて，どのような法的主張がバリスターによってなされたか，法的事項に関する訴訟指揮がどのようなものだったかも記録しています。そういう点で特に，速記が重要となるのです。というのも，通常は控訴理由には，裁判所による法的事項に関する訴訟指揮があげられるからです。

（調）　今日の法廷では検察側バリスターによる意見陳述が行われました。バリスターによる意見陳述が書面化されて，陪審や裁判所に渡されることはありますか。

（バ）　それはありません。

陪審は意見陳述を耳で聞くだけです。その点に言及されるのは非常に興味深いことです。というのも，通常，速記者はバリスターによる最終意見陳述を記録しないからです。

その理由は，それが事実問題に焦点を絞った弁論であって，控訴院にとっては興味がないからです。

私から質問なのですが，今日あなた方がご覧になった法廷では，速記者は意見陳述を記録していましたか。

（調）　そうですね…よく覚えてはいませんが，確か彼女は検察側バリスターの意見陳述の際に，記録を取っていたこともあったと思います。ただ，席を外していたときもありました。

（バ）　そうだと思います。通常，速記者は検察側バリスターの意見陳述を記録化しませんから。

■　ソリシターとバリスターの責務

（調）　バリスターとソリシターの関係をお尋ねします。ソリシターは，どのバリスターに対しても事件を依頼することができますか。

（バ）　そうです。ソリシターは，どのバリスターでも雇うことができます。

（調）　バリスターはどのようにして事件を引き受けるのですか。ソリシターが依頼人と共に，バリスターの事務所に来るのですか。依頼人が身体拘束されている場合には，ソリシターとバリスターが連れだって，依頼人が身体拘束されている場所に出向くのですか。

（バ）　そうです。

（調）　ソリシターがバリスターに事件を依頼する時期はいつですか。

（バ）　警察によって告発がなされた後です。また，公訴局によって事件が治安判事裁判所に送致されてから事件依頼が行われることもあります。

（調）　公訴局が治安判事裁判所に事件を送致してから公判開始までは，どのくらいの時間がかかるのですか。

（バ）　公判開始までかかる時間は，事件によって非常に様々です。私たちの国では，それが長期に渡ることに関して，大変懸念されています。

例えば，今朝私が取り扱ったのは，ちょっとした事件です。しかし，この事件の被告人は身体拘束されたまま，6ヶ月も公判の開始を待っています。

彼が有罪ということになれば，それはそれでいいのでしょう。しかし，もしも彼が釈放されたならば，それは大変な問題です。というのは，理由なしに6ヶ月間拘束されたということを意味するからです。

困難はその他の場合にも存在します。例えば，複雑な詐欺事件等に関しては，事件準備に何ヶ月もかかります。その上，裁判所が期日を入れるまでに，もう数ヶ月必要になります。それが3ヶ月，または4ヶ月かかります。

(調)　原則的に，あなた方バリスターは，ソリシターと協議をした上で事件準備を行うのですか。それとも直接被告人から話を聞いて事件準備を行うのですか。

(バ)　両方の場合があります。

被告人が身体拘束されていない場合もありますが，もしも身体拘束されている場合には，必要な限り被告人と接見するべきです。ただ，実際には，あまり接見することはできませんが。

(調)　ソリシターがいるから，あまり被告人と接見しなくても事件準備ができるということですか。

(バ)　そうですね。

ソリシターは，事件の早い段階から依頼人と会って話を聞いています。ですから，彼らは私たちに対して，起こったこと全てを正確に伝えることができるのです。その後，供述調書がバリスターに渡されることになります。

その段階で，多くの事件について，被告人側バリスターは検察側バリスターに何を聞かなくてはならないかが分かります。事件記録がソリシターから渡されてそれを読めば，バリスターには，聞かなければならないことは，ほとんど全て分かるのです。被告人側主張は何か，検察側証人に何を質問すべきか，そして被告人側証人の証言内容も分かります。

検察側から渡された記録を読み，さらにソリシター作成にかかる被告人の供述調書を読み，その後でバリスターは被告人に会いに行きます。それは単に，いくつかの点について明確にするためにすぎません。

(調)　しかし，それで事件準備に十分だと言うからには，ソリシターがバリスターと同等以上に優秀であることが重要になるのではないですか。

(バ)　そうです。

もしバリスターが職務を果たせないならば，それはソリシターの能力が低いか，怠惰だったということです。それがバリスターの仕事を困難にしています。

というのも，ソリシター作成にかかる被告人の供述調書の内容に誤りがあったり，十分ではないこともあるからです。

(調)　あなたの経験では，ソリシ

ターの仕事が不十分だと感じることは，しばしばあるのですか。

(バ)　そういう事件もあります。よい仕事をしていないと思うソリシターもいます。

(調)　実際に公判が開始された後で，ソリシターの仕事が不十分であったと判明することはありますか。また，事件記録が送られてきた時点で，ソリシターの仕事が不十分であると分かることもあるのですか。

(バ)　どの段階においても，そういうことはあります。

私の経験で最悪だったのは，法廷で現実に事件を進めている最中に，大切なことをし忘れていたとソリシターから告げられたときです。

「どうしてこの証人に会わなかったのか」と私が聞いたら，「あ，すみません。忘れていました」というようなことがありました。

しかし，あなた方にソリシターの仕事の不十分性を聞かれたのでお答えしましたが，ほとんどの事件でソリシターは十分に準備しています。もちろん，あなたが被告人だとして，バリスターが無能だったら，それが最悪でしょうね。

(調)　ソリシターの仕事の中には，バリスターのために被告人や被告人側証人から供述調書を作成することも含まれるのですか。

(バ)　まず，供述調書には検察側及び被告人側それぞれが作成する二種類があります。もちろん検察側は目撃証人等から供述調書を取ります。そして被疑者取調べを行って供述調書を作成します。それらの供述調書はすべて，事件準備のために被告人側に開示されます。その上で，被告人側バリスターとソリシターは被告人に会い，供述調書を作成します。

被告人側が作成した供述調書は完全に秘密にされて，検察側に開示されることはありません。被告人側証人に関する供述調書も同様で，検察側には開示されません。これらの供述調書を検討して，どの証人を法廷に呼ぶかを決定するのです。被告人側の供述調書を作成するのは，ソリシターの仕事です。

(調)　バリスターが，証人候補者や被告人と直接会って，彼らから供述調書を取ることについてはどのようにお考えですか。現在の制度と比較すると，どちらがいいと思いますか。

(バ)　面白い質問ですね。

現在は，バリスターが供述調書を取ることは法律で禁止されています。禁止されているのは，これまでバリスターがそうした仕事をすることは，あまりいいことではないと考えられてきたからです。バリスターは，証人から少し離れて位置するべきだと考えられてきたのです。

私が先ほど「面白い質問だ」と言ったのは，この国では全ての事件について，バリスターとソリシターが公費で付くことになっているからです。その費用は大変高額です。ですから，現時点で，バリスターも供述調書を作成できるようにすべきだという圧力が存在しています。本来ひとりで済むのに，二人分の費用がかかっているというのです。

私は，今の制度のほうがいいと確信しています。バリスターが証人から少し距離を置くことは，健全であり，よいことであると考えるからです。もちろん，それが大変に贅沢なものであるのは，その通りです。

(調)　時には，自分で直接証人にあたって，供述調書を取りたいと感じる時もあるのではないですか。

(バ)　そうしたい場合も，時にはありますね。

しかし，法律がそれを禁止している背景には，バリスターが誠実である場合であっても，証人に対して証人席で何を言うべきかを教えてしまうことへの懸念が存在するのです。

または「それは言うな」というようなことですね。それは大変にまずいことです。そういうことが起こらないように，私たちの制度では安全策が講じられているのです。

将来的には，政府によって，ソリシターとバリスターの壁が取り除かれてしまうだろうと予言する人々もいます。

もしもあなたが，アメリカのニューヨークで殺人罪で告発されたら，あなたには公設弁護人が付いて，それでおしまいです。公設弁護人事務所に連れて行かれて，「あの人が君の弁護人だ」と言われるだけです。あなたには弁護人を選ぶことができないのです。そういう制度にも有利な点はあります。けれども，非常に不利な点もあるのです。それは，被告人に選択権が全く存在しないということです。

(調)　しかし，イギリスでも被告人はバリスターを選択することはできないのではないですか。それともバリスターの選択に関して，被告人は何か意見を述べることができるのですか。

(バ)　意見は述べられます。本来，被告人はバリスターを選ぶことができるのです。しかし，バリスターを知っている被告人がほとんどいないために，選択をソリシターに任せてしまうのです。

ソリシターは，各バリスターの得意分野をよく知っていますから，「この人は子どもの事件に強いけれども，殺人事件は今ひとつだ」「この人は詐欺事件が得意だ」というふうに，バリスターを選択するのです。

(調)　バリスターはソリシターの依頼を断れるのですか。

(バ)　断ることはできません。

それについては厳格な規定が置かれています。「この被告人は嫌だ」「この事件は扱いたくない」ということはしてはいけないのです。

しかし，実際のところ，店でCD一枚を盗んだというような事件について，トップレベルのバリスターに依頼をするというようなことはないでしょうし，バリスターの方も「ちょっとこれは…」ということで処理しています。

■　不適切弁護と弁護士二元制度

(調)　仮にソリシターが捜査段階において，間違った法的助言をしていたというような，非常に大きな過ちを犯していたとします。そして後になってバリスターがその過ちに気が付いたとします。しかし，長年のつきあいでソリシターとバリスターが一定の人間関係を築いている場合に，バリスターがそうした過ちを指摘し難いということはないのですか。つまり，そうした過ちを責めるような法廷活動を行うことが困難であるということはないのでしょうか。

(バ)　指摘をすることはできます。しかし，おそらくバリスターは，ソリシターの過ちを発見して頭では厳しく責めたいと思っていても，実際にはあまり追及しないと思います。ソリシターの仕事量の多さも理解していますから。

(調)　法廷ではどうですか。裁判官に対して，ソリシターが大きな過ちを犯したせいだと告げることはあるのですか。

(バ)　そうですね，例えば裁判官が事件について，机を叩きながら「どうしてこんなことになったのか説明しなさい！」と怒った場合には…困るでしょうね。その時には，「実はソリシターがミスをしたのです」と言うかもしれません。けれどもやはり，ソリシターを批判から守ろうとはするでしょうね。

(調)　そもそも，ソリシターとバリスターの間で弁護方針が違うことはありますか。その時にはどうするのですか。

(バ)　弁護方針が違うことはあります。しかし最終的にはバリスターの意見が通ります。両者の意見が相容れないというのは，大変に深刻な事態です。そういう事態に至る場合もあります。

時にはソリシターがバリスターをクビにすることもあります。いったん公判が開始されると，ソリシターがバリスターをクビにすることはありませんが。というのも，そうしたら被告人には誰もバリスターが付かないということになってしまいますからね。

(調)　ソリシターとバリスターの責務に対してお尋ねします。例えば，「ソリシターの使命は依頼人の利益の保障であるが，バリスターの使命は公正性の保障である」というように，二者の責務の間に根本的な相違はあるのですか。

(バ)　相違があるとは思いません。バリスターの第一の責務は被告人を弁護することです。しかしもちろん，いつでも裁判所を誤導しないように注意を払っていなければなりません。それはあります。

(調)　そもそもイギリスでは「裁判所を誤導する」と言うとき，どのような事態を念頭に置いているのですか。

(バ)　例えば，依頼人が「これこれこういう嘘をつきたい」と言った場合に，私たちはそれを認めることはできません。

(調)　では，例えばあなた方バリスターが被告人と話をしたり，証拠を検討したりした結果，被告人が真犯人であることを確信しているのに，被告人が自分は無罪を主張している時には，どうしますか。

(バ)　弁護活動を続けます。

被告人の主張がどのようなもので

あれ，その主張にしたがって弁護活動をします。被告人の主張がナンセンスだったら，そう被告人に言います。「あなたの話は馬鹿げている。裁判所もきっと信じませんよ。しかしあなたがそう言い続けるなら，私は法廷でそのように弁論しましょう」それというのも，もちろん最終的に証人席に立つのは被告人ですから，被告人が証人席でその馬鹿げた話をするわけです。それで有罪になるのなら，それは仕方のないことです。

■　法廷からみた被疑者取調べ

(調)　では，残りの時間でPACEと取調べについてお伺いします。バリスターの目から見て，警察の取調べは適切に行われていると思いますか。一般的なご意見をお聞かせください。

(バ)　現在，すべての取調べがテープ録音されていますから，適切に行われていると思います。

しかし，テープ録音を開始する前に，警察官がよくないことをしている可能性はありますね。警察官が，テープ録音するから自白しろと言っているかも知れません。しかし，テープ録音されたものは信頼できると思います。

(調)　月曜日には，あなたの担当している事件で自白の証拠排除が求められる予定ですね。そのことについてどう思いますか。

(バ)　まだ，事件の記録を全部読み終えていないのですが，精神科医によれば，被告人は大変知能が低いということですから，私が思うに，取調べ記録は証拠として許容されないでしょう。

このことについてはいろいろ考えました。今回の事件の被告人は社会の中の1パーセントに入るような知能の低い少年です。19歳の少年ですが，警察は取調べのときに少年がそれほど知能が低いと気が付かなかったのです。

(調)　PACE以降の否認事件で，被疑者の弁解そのものが不自然であるとして，検察側が録音テープを証拠請求してきた事件はありますか。

(バ)　通常は，法廷で録音テープが再生されることはありません。法廷では反訳書が使われます。個人的には，もっと録音テープが再生されてもいいと考えています。実際に，法廷で録音テープが再生された経験もあります。

（調）　あなたが，個人的見解として録音テープの再生が行われた方がいいと考える理由はなんですか。

（バ）　陪審は判断するために法廷にいるのですから，陪審が判断するためには，声を聞かせるのが一番いいと思います。

（調）　あなた自身は，テープ録音よりもビデオ録画の方が，取調べ状況がよりよく見えて望ましいとお考えですか。

（バ）　私の意見では，そうです。現在いくつかの警察で取調べのビデオ録画が実施されています。今は，警察にはそれをするだけの設備がないかもしれませんが，あと何年かしたら，ビデオ録画が一般的になると思います。

（調）　取調べが可視化されることによって，例えば被疑者が動揺しているのが分かるというような，悪い印象を与えてしまうことになるかも知れません。そのことについて懸念はありませんか。

（バ）　そういう状況が見えるようになる，例えば，被疑者が動揺しているのが見えるようになることは，それはそれで一つの真実ですから，よいと思います。

（調）　テープ録音にせよビデオ録画にせよ，取調べが可視化されることは，検察側にとって有利であるとお考えですか。

（バ）　ビデオ録画に関しては，まだ使われたことがないので分かりません。

ただ，テープ録音に関しては，質問から回答まで長い間があいているような場合には，検察側に有利な証拠となるでしょうね。

子どもが関係する事件では，子どもが話しているところを録画したビデオテープが，証拠としてよく用いられています。

（調）　バリスターの立場からすると，テープ録音が実施されてから自白の数が減少したと思いますか。

（バ）　私の意見では，自白の数は変わっていません。

ただ，大きな改善が見られました。テープ録音が実施された途端に，取調べで被疑者の発言に関する議論が，突然に，そして全く，なくなってしまいました。PACE 以前は，そうしたことについて，被告人側は多額の金銭を費やしていました。そうした議論がなくなってしまったのです。

(調)　PACEの実施以降，バリスターの活動に変化は生じましたか。

(バ)　変化しました。

昔から，取調べ手法について大きな議論が存在しました。多くの場合，調書に書かれている供述が本当に存在したのかどうかが問題となっていました。ところが，そうした分野に関しては，バリスターは何もしなくてもよくなったのです。

今でも，取調べについて議論はあります。しかし，被疑者が取調べで何を言ったかという議論はなくなってしまいました。現在，法律はどんどん変わってきています。取調べにおいて黙秘すること，質問に答えないことについての法律も変わってきています。

(調)　取調べで黙秘する事件数は，PACEの実施以降は減少しましたか。

(バ)　テープ録音が導入されても，黙秘する事件数は変わっていません。ただし，法律が変わったために，以前よりも黙秘し難くなってはいます。

(調)　PACEの実施によって，有罪率に変化が生じましたか。

(バ)　よく分かりませんが，あまり変わらないのではないでしょうか。

(調)　警察官は，PACE実施以降，自白に頼らない立証をすることに力点を置いているという理解でよろしいでしょうか。

(バ)　警察は，テープ録音を大変歓迎しています。また，被告人側も同じくらいテープ録音が導入されたことを歓迎しています。

PACE以前は，警察は取調べにおいてひどい実務を行っていると責められていました。しかし，今では，警察はテープ録音によって守られているのです。

現在，DNA鑑定が性犯罪や殺人事件などでよく使われています。それほどコストがかからないので使われるようになったのです。そもそも，自白がなければならないという法則は存在しません。

(調)　ありがとうございました。

第 2 節　刑事再審実務からみた取調べ可視化
――刑事事件再審委員会（CCRC）レオナルド・リー教授に聞く

調査日　2002 年 7 月 10 日
バーミンガム市内所在の刑事事件再審委員会にて

1　はじめに

2002 年 7 月 10 日，私たちは，刑事事件再審委員会（CCRC）を訪問し，委員のリー教授と元警察官である委員会スタッフの 3 名から，様々な話を伺うことができた。CCRC については，既に福島至教授の論文で詳しく報告されている（「『イギリス刑事事件再審委員会 Criminal Cases Review Commissions』の現状と課題」『誤判救済と刑事司法の課題』日本評論社―2000 年―173 頁以下）。それゆえ，ここでは，その概要の説明は割愛する。1997 年に設立された CCRC は，要するに，主に有罪確定判決について，控訴院に付託するか否かを審査し決定する独立の委員会であって，再審開始如何を決する審査を行っている機関といってよいであろう。

リー教授らは，私たちの今回のイギリス訪問の目的が，被疑者取調べの可視化という問題に絞られていることを十分理解し，その前提で，様々な話を聞かせてくれた。CCRC への訪問でも，被疑者取調べ可視化に関する本質的な問題が全て語られたように思われる。そこから，私たちが何を汲み取るかが問われている。

インタビュー

＊（調）は，調査団，（C）は，CCRC 側委員の発言を意味する。

■ PACE と違法な取調べの激減

（C）　私の理解するところでは，警察の実務，特に被疑者の取調べにおける尋問や留置の状態等があなた方の一番の関心事ですね。そして，私たちの組織である CCRC の中心的な機能は，誤判の再検討をすることにあります。これら二つの問題は，互いにリンクしています。というのも，1986 年から実施された PACE によって，警察の実務に起因する誤判は減少しました。

必ずしも PACE の下で手続がいつでも適切に行われているとは評価されていません。PACE は司法の公正性を守ると同時に，申立の機会を減少させているのです。言いかえるならば，PACE は両刃の剣なのです。

理解を助けるために，現在の手続について説明する前に，以前はどのようなことが起きていたか少しお話しします。

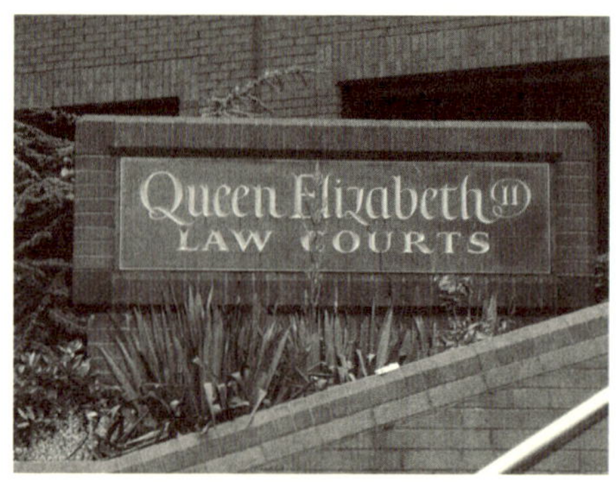

バーミンガム市内の裁判所

20世紀を通じて，1980年代前半くらいまでは，裁判所は警察官の言葉をとても信頼していました。警察は裁判所によって，非常に強く支持されていたのです。

そうした支持は，法廷における警察官の証言に対する一切の批判を，裁判所が許さないことがしばしばであるという形で表れていました。

1980年代までに，非常に少数ですが悪名高い事件が起きました。それらの事件では，警察官の証言の中に悪質なまやかしが含まれていたことは明白でした。警察実務が腐敗しており，警察は自分の望む証言を得るために，身体的暴力やそれよりも巧妙な手段が用いられたことが判明したのです。

そういうことがあって，1984年にPACEと呼ばれる新立法が成立し，1986年には，立法の一部の実施が開始されました。この法律では，警察官の言動に対してそれまで以上に大きな注意が払われています。今では，警察官は，昔の標準的実務を認めていません。そして被収容者に対する取り扱い等に関する規定が守られなかった場合には，公訴が棄却されることとなりました。

PACEが成立したことによって，警察実務は驚くほど変化しました。警察実務を改善し，警察のプロフェッショナリズムや警察の公衆に対する態度，特に留置下にある被疑者の取り扱いに大きな影響を与えた最大の要因がPACEであることには疑いがありません。

新しい実務は詳細に規定され，多岐にわたっています。その規定はPACE実務規程と呼ばれています。実務規程は，重大事件だけでなく国内のすべての事件について適用されます。

一般的な見地からお話しすると，ある人が警察によって逮捕された瞬間から，被疑者のための権利保護が始まらなければなりません。それは一連の機構であって，被疑者が適切に取り扱われることが警察によって保障されるためのものです。最初に，言うまでもなく，逮捕理由が告知されなくてはなりません。そしてその後，その段階では被疑者は意思に反して話さなくてもいいという権利が告知されなくてはなりません。ですから，警察権力が行使された理由と，それに続いて何が起こるのかを被疑者は明瞭に理解するのです。

■ PACEと留置，取調べ手続

(C)　今みなさんの前にいる私の同僚3人は，これまでの人生において，警察官がからんでいる多くの重大事件の捜査にあたってきました。警察官による犯罪に関する申立もありましたし，被収容者に対する劣悪な警察実務によって，被収容者が重傷を負ったという申立を受けることもしばしばありました。私の経験から言わせていただくと，PACE以前の警察実務というのは，非常に劣悪だったのです。それがPACEによって劇的に改善されました。

これから実務規程のいくつかについて，また被留置人に関する権利保護が現在どのようなものかについて，説明します。

ある人を逮捕した場合，警察はその人を可能な限り速やかに警察署に連行しなくてはなりません。警察に到着するまで，犯罪に関して一切質問をしてはいけません。

警察署に到着すると，被疑者はまず留置管理官に会います。留置管理官とは被疑者の留置の可否を決定し，そして留置の間，被疑者が適切な取り扱いを受けることについて責任を課されている人です。

留置される場合には，被疑者は自分の持っている権利について説明を受けます。そこでいう権利とは，自分で選んだ外部の人に対して，自分が留置されたことを告げる権利や，無料で法的助言を受ける権利です。取調べの前に，これらの権利告知がおこなわれます。

また，被疑者は，権利告知が行われ，その内容を理解したことを示すために，留置記録に署名するよう求められます。被疑者がおこなったすべての要請が記録され，そして逮捕理由を告知されたか，法的助言を受ける権利の告知を受けたかなどに関して署名をします。

現在では，ほとんどの警察署において，署名等のそうした一連の過程がビデオによって撮影されています。

留置が始まった瞬間から，そこで発生するすべての事項に関して，その時その場で記録が取られなくてはなりません。

犯罪に関して被疑者を取り調べる必要がある場合には，被疑者は録音機の置かれている取調室に連れて行かれます。そして取調べの内容はすべて，2本のオーディオ・テープに録音されます。

被疑者には，取調べが終わった時に取調べを録音したテープの写しを受け取る権利があります。ですから被疑者は，取調べの内容を持ち出すことができるのです。

被疑者の留置が許されるのは，通常では24時間に限られています。

しかし法定された一定の重大事件については，警視の許可があれば12時間延長することが可能です。

12時間の延長後は，裁判所の許可を得た上でさらに留置を延長するのでない限り，警察は被疑者を告発(charge)するか，または釈放しなくてはなりません。

先ほど言及した実務規程は，捜査の全段階について，何が許され，何が許されないかを規定しています。

留置されている人には，実務規程を入手し，それを自分で読む権利が保障されています。上級警察官は，ある被疑者の血液等の体内サンプルが，被疑者が犯罪に関与していることを立証または反駁する助けになると考えた場合には，そのような体内サンプルを採取する要請をすることが許されています。また，必要があれば指紋や人物識別パレード等が行われます。これらについても実務規程に定めがあります。

この段階で，警察は，可能な限り速やかに，被疑者を告発するのに十分な証拠があるかどうかを決定しなくてはなりません。もしも十分な証拠がない場合には，被疑者を釈放しなくてはならないのです。

弁護人にアクセスする権利に加えて，ある人が年齢や知能程度に鑑みて，「権利侵害を受けやすい(vulnerable)」と判断された場合には，法律上「適切な成人」と呼ばれる人に付き添ってもらう権利が保障されています。

18歳未満の人に関しては，親や保護者が取調べ中ずっと同席していなければなりません。また，学習困難者や精神的に問題を抱える人々も同様です。彼らの利益を守る人が必ず同席します。

「適切な成人」を取調べに立ち会わせる権利というのは，法律家による立会権に加えて定められた権利です。仮に，「適切な成人」等を取調べに立ち会わせる必要があったのに，そうしなかった場合には，当該取調べて得られた証拠を法廷に出すことはできません。

■　PACEと警察の質の変化

(C)　PACEによってもたらされた変化というのは，単に証拠の質を変えただけではありませんでした。それは，警察官の行為をも変化させたのです。

多くの警察官は，PACEが実施される以前は，PACEを，捜査を妨害するものであると考えていました。

しかし，実際はその反対だったのです。警察官は，それまで以上にプロフェッショナルになりました。訓練はよりよいものとなりました。証拠は従前よりも裁判所に受け入れられるようになりました。その理由は，テープやビデオ等で記録されているからです。

ゆっくりと，法律家や裁判所による，警察に対する評判が回復し始めて来ています。

(C)　現在では，警察の証拠に対して，被告人側から糾弾されることはほとんどありません。警察にすれば，以前よりも保護があつくなったのです。警察の証拠は，手続においてほとんど許容されています。以前ではあり得ないほどです。

■　取調べと黙秘権の行使

(C)　取調べと黙秘権についてもう少しつけ加えましょう。

第一に，PACEによって被疑者は，取調べの間中弁護人を立ち会わせることができるようになりました。

第二に，1994年に制定された刑事司法・公共秩序法によって，警察は，事実に関して，被疑者が何も言わないことについて警告をしなければならなくなりました。警告の内容は，逮捕された者が取調べを受けた場合，取調べにおいて話したことは証拠とされるかもしれないということ，そして，取調べで事実について説明を求められて被疑者が答えない場合には，答えなかったことについて，後に裁判所が不利益な結論を出すかもしれないということです。

一例をあげましょう。北アイルランドで起きた，警察官に対する狙撃事件です。被疑者は当時何も語ろうとはしませんでした。公判が開始されると，彼は「私は，友人と一緒にマッシュルーム狩りをしていた」と述べました。裁判官は彼に対して,「あなたがコメントすべきだった事項について,何も言わなかったことに対して不利益な推論を引き出すつもりです」と言いました。「あなたは嘘をついている！」と言ってもよかったのでしょうがね。

さらに言えば,警察はかつて,法律家が被疑者に何も言うなと助言をするだろうと怖れました。しかし,それによって被疑者に不利益な結論を裁判官が引き出すことを止めることはできなかったのです。

裁判官は知りたいことが二つあります。

第一に,弁護人が被疑者に対して黙秘権を行使するようにと本当に言ったのかどうか,ということです。

そして第二に,どのような助言が弁護人によって行われたのか,ということです。

というのも,被疑者・被告人というものは本当の話をしないものですし,あるいは警察が法律家に対して証拠を開示しなかったという場合もありますから。

私の同僚が確証してくれると思いますが,1994年に刑事司法・公共秩序法ができた当時は,「黙秘しなさい」という,法律家による被疑者に対する助言の可能性が,警察をとても悩ませたのです。しかし,現在では,それはたいした問題とはなっていません。法律家が黙秘を勧めることは前よりも少なくなりました。

(調)　PACE導入以前は,警察はテープ録音に積極的だったのですか。

(C)　いいえ。警察は強く拒否しました。しかし,いったんテープ録音が導入されてみたら,手続が大変シンプルになったのです。以前は,せっかく取った被疑者の供述でも法廷で証拠能力を否定されることもあったのですが,現在では,テープ録音をすることによって警察官の権利が保護されると考えるようになりました。

(調)　PACE以前と比較して被疑者の自白は取りにくくなったのではないですか。

(C)　そうでもありません。あなたの質問は理解できますよ。取調べに弁護人が立ち会い,テープ録音がおこなわれれば,それは被疑者の助けとなります……身体的暴力は受けないし,本当は言っていないことをでっち上げられることもありません。理論的には分かります。

しかし，実務では，人がある事柄や行動について，何らかの説明をするよう要請されたならば，完全黙秘を続けることは，現在は非常に困難なのです。

というのも，実際には裁判官は取調べで説明しなかったならば公判でも説明することはできないと考えるからです。「遅すぎる」ということです。

■　再審申し立て理由と取調べ

(調)　CCRCでは2000年3月で3,200件，審理終了した事件が1,800件であるという論文を読みました。その1,800件の中に，PACE前に発生して申立がなされた事件はどのくらいあるのですか。また，違法な取調べを理由として申立が行われた事件はどのくらいあるのですか。

(C)　私たちが審理を終了させた事件のうち，違法な取調べだけを理由としてあげる事件の数がどれくらいかは分かりません。というのも，多くの事件では複数の申立理由があげられるからです。違法な取調べを唯一の申立理由とはしません。

ただ，私が確言できることがあります。それは，あなた方は多くの事件について警察の劣悪な実務や警察官の劣悪な行為が関連性を持つと考えていらっしゃると思いますけれども，必ずしもそうではないのです。そのような事件よりも，不適切弁護が行われたことを理由として申立が行われて，私たちのところに持ち込まれる事件の方が多いのです。不適切弁護の問題が数の上では一番多いのです。

しかし，劣悪な弁護を語るときには，それが本当は，正確には，何を意味しているのかについて，慎重に考えて理解しなくてはなりません。

法律家の弁護能力が必ずしも不十分ではない場合もあります。依頼人とのコミュニケーションが十分でなかったかもしれません。法律家が書類を受け取った時期があまりにも遅かったために，適切な弁護ができなかったのかもしれません。法律扶助協会が支給した報酬が低すぎて，被告人側証人となるべき人に対する適切な調査が十分にできなかったのかもしれません。日本でも同じような問題があるのではないでしょうか。

PACEに関するあなた方の質問で，最も興味深いのは，私たちが今取り扱っているPACE以前に発生した事件のほとんど全てにおいて，警察実務が問題とされていることです。しかし，PACE以降の事件では，警察による誤った行動が問題とされていることはほとんどないのです。その違いは驚異的です。それは全てがテープ録音されているからです。そのような状態では警察は悪いことはできませんからね。

警察署における劣悪な取調べというものは，現在の主要な申立理由ではありません。公訴局が被告人側に対して適正な証拠開示を行わなかったとか，あとは，捜査機関による潜入捜査官や情報提供者の利用が不適切であったとする申立が非常に多いですね。

(C)　一つ説明を付け加えたいと思います。

イギリスの刑事司法制度では，公判において不意打ち（ambush）をすることは許されていません。

イギリスの法律によれば，公訴局は被告人側に対して，目撃証人の供述調書，法科学的報告書（forensic reports）や準備書類等の，防御活動にとって有益かもしれないと考えられるあらゆる証拠資料を開示しなくてはなりません。

そしてまた反対に，被告人側も書面を提出して，主張の骨子を開示しなくてはなりません。アリバイや鑑定に関しても，事前の開示義務があります。これはいわば，すべてのカードを相手に見せてゲームをするよう

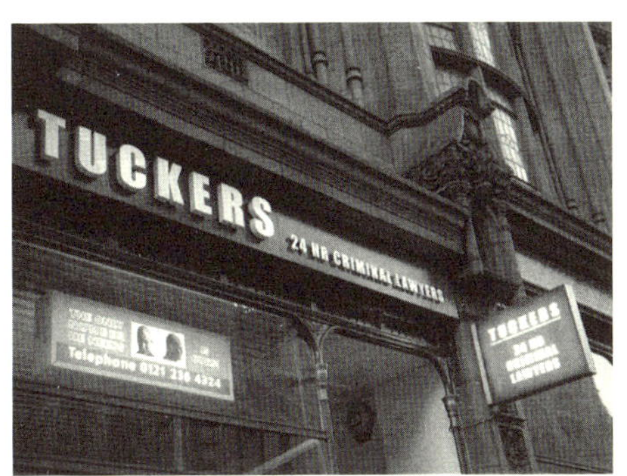

刑事専門の法律事務所

なものです。

私は，ハーバード大学で4月に講演をしたところですが，アメリカでは，目撃証人の供述調書や法科学的報告書を事前に開示することはほとんどありません。私は，イギリスの刑事司法制度というものは，非常に独特だと思います。

■ 取調べ中心捜査（テープ録音反対論）について

(調)　日本でPACEと同様の規定を導入することに反対する人々の主張の根底には,「それでは犯罪が撲滅できない,犯罪者が逃げてしまう」という考えがあるのだと思います。それについてはどうお考えですか。

(C)　その論理構成が私には理解できませんね。

(調)　「自白する者が減ると有罪率が下がる」というのが，日本の法務省が取調べのテープ録音導入に反対する際に持ち出す理由です。

(C)　イギリスにおける私たちの経験は，そうした意見が真実ではないことを示していると思います。

しかし，他にも考慮に入れなければならないことがあります。日本でどうなのか私には分かりませんが，ここイギリスでは犯罪について有罪判決を受けた者のDNAがデータベース化されています。DNAサンプルが取られ，全国的なデータベースに登録されます。そのため，犯人が誰かということだけでなく，他の犯罪との関連も検索することができます。ですから，検挙率を上昇させる方法は他にもあるのです。

日本の法務省の言い分も理解できますが，しかし，私たちの経験からはその意見には正当性があるとは言えませんね。

(調)　CCTV(監視カメラ)もそうしたことに貢献しているのでしょうね。

(C)　ええ。特に都市部ではそうですね。都市部と，ほとんどの公共の空間はCCTVでカバーされていて,何か起きれば全て記録されます。

加えて，通話記録についても，裁判所の命令等があれば会社は提出しますし，電話の傍受も行われています。

(C)　私の意見では，自白に基礎を置く刑事司法システムは健全ではありません。

先ほどの日本の法務省の言い分

は，PACEの導入前にイギリスの内務省が主張していたことと同じです。特に警察によって，従来通りのやり方を変える必要はないという圧力が加えられ続けていたため，イギリスの内務省は日本の法務省と同じ理由からテープ録音導入にずっと反対していました。

しかし，PACEが導入された途端に，従来法廷で争われていた問題がほとんど解決されてしまい，一方で検挙率もほとんど変わらなかったため，今度はPACE支持にまわったのです。

(調)　PACE以前に法廷で争われていた問題というのは，具体的にはどのようなことですか。

(C)　第一に，警察による暴力行為です。第二に，「被疑者が自白したので調書を作成した」と警察が主張する場合に，被疑者が調書の内容に誤りがあると主張する場合です。次に，警察が完全に自白調書をでっち上げる場合です。最後に，ある人を犯罪者に仕立て上げるために，後から証拠を捏造するということがあります。

これらの問題が複合的に現れたのが，爆弾テロを含む5件の悪名高い重大事件です。そこでは警察が，考えられる限り最悪の「策略」を用いたことは明白でした。

PACE以前にも取調べに関しては，裁判官準則（Judge's Rule）が存在していました。しかし，裁判官準則には強制力がなかったので，この準則をつくった裁判所からして無視されるようなものでした。ですから，現在の実務規程とは大変に異なっています。

もしも，実務規程に違反すれば，ほとんど例外なく検察側は負けます。ですから実務規程は裁判官準則に比べて非常に重きを置かれているのです。

(調)　CCTVやDNAデータベースについて，それがプライバシー違反だといった議論はなかったのですか。

(C)　そういう議論はありました。しかし，政府は犯罪を減少させなくてはならないという意図を持っていました。そのために重要なステップを踏む準備をしなくてはなりませんでした。

「国際人権基準という点からの意見があることは承知しているが，社会の多数の人々にとって何が利益となるかが問題である」と政府は主張し，CCTVやDNAデータベースが実現したのです。

（調）　贈収賄等は犯罪が密室で行われるため，取調べを繰り返さないと事案の全貌が判明しないという考え方を日本の検察官は持っています。イギリスでも同じ様に考えられているのですか。

（C）　私が興味深いと思うのは，例えそれが重大事件であるとしても，あまりにも多くの事件に関して訴追をするにあたって自白に重きが置かれすぎているということです。

反対に，確かにある種の事件では自白が必要なこともあります。しかし，最大の問題は，犯罪のプロフェッショナルは，たとえ拷問をしても自白などしないということなのです。

（C）　テープ録音導入は，警察による完璧に合理的かつ用意周到な質問がおこなわれたことを後で確かめることを可能にしました。

被疑者が論理的な回答をすることが期待されるような質問です。もしも被疑者が質問に答えなかったならば，陪審はそれを不利益にとらえるでしょう。そして「どうして答えられないのだろうか」と考えるでしょう。取調べにテープ録音が導入される前には，陪審にそのようなことを考えさせるのは困難でした。

■　PACEと取調べ技術の向上

（調）　テープ録音によって，警察の取調べ技術は向上したということですか。

（C）　そうです。取調べ技術は向上しました。

そのための訓練も非常に改善されました。取調べの適正な準備，取調べ中の質問方法などです。机を叩いたり，大声で怒鳴ったりというような，素人くさいアプローチは取られなくなりました。

その代わりに，取調べを構成して，欲しい答えを獲得するには，どの段階でどのような質問を…公正で合理的な質問を…すればよいのかを考えるようになりました。

そうすると，被疑者は選択を迫られることになります。「完全に公正で合理的な質問に答えることを拒否すべきだろうか。でも，そうしたら陪審は不利益に取るだろう。それとも質問に答えてしまおうか」と。そして質問に答えることは，しばしば有罪判決へと彼を導くのです。

(C)　一例をあげましょう。強盗の被疑者についてある人が逮捕されたとします。もしも警察官が「昨日の夜はどこにいたか」と質問したら，その質問は完璧に合理的な質問です。被告人は何も答えないかも知れないし，家にいたと言うかも知れません。その答えが嘘だとします。そして次の取調べの時に，警察はこう言うかもしれない。「私たちには，君が映っている犯行現場のCCTVのビデオテープがあるんだが」と。その時には，被疑者はすでに嘘をついてしまっているのです。

(C)　イギリスの手続の一般的な原則についてお話しすれば，イギリスの刑事手続に関する規定は，効率的かつ公正な犯罪捜査を追究するものです。そこでは，犯罪捜査について規定されると同時に，被収容者に対する人道的な取り扱いや基本的人権の尊重についても規定が置かれています。

PACEのもとでは，被疑者の取調べや証拠の獲得に関して高度に効果的な手続が定められる一方で，法律家に対するアクセスや警察署における留置条件等の市民的権利を保障しています。

重要なのはバランスであると私は考えています。

(C)　自白に重きを置きすぎるということに関してコメントしたいと思います。

証拠収集に関して，北アイルランドの警察官の行動やプロフェッショナリズムに対して，PACEの効果は及びません。彼らはいつでも，「誰それが犯罪について自白をした」と言ってはそれに頼っているのです。

けれども，もしも彼らが，例えばDNA等の法科学的な技術を向上させ，証拠収集の方法を改善したならば，少なくとも理論的には，今よりもずっと多くの事件が裁判所に送られることになるでしょう。そして今よりもずっと自白の必要性は低くなるのです。

現在イギリスではいくつか認識されていることがあります。それは，警察官の教育レベルが非常に上がってきているということです。大学を卒業した警察官も増えました。警察官の質が大変よくなっているのです。それとともに証拠収集の方法や警察行政もよりよいものとなってきています。

ですから，リー教授がおっしゃったように，警察官の質の向上と捜査の質の向上は，相関性があるのです。

(調)　再確認になりますが，CCRCの立場からすると，PACEより前には虚偽自白を理由とする誤判が多く，PACE以後は激減しているというのは数字的にも明らかなのでしょうか。それらを示す証拠はありますか。証拠がなくてもそういう確信を持っているのですか。

(C)　私たちには非常に多くの証拠があります。この委員会に送られてくる事件の中で，PACEより前に犯罪が発生し，裁判が行われたものが多くあります。そのような事件の申立理由は，現在の事件とは全く異なります。

現在の主要な誤判は，警察の劣悪な実務や腐敗とは関連性を持っていません。関連性があるのは，証拠の不開示や，原審以降進歩したDNA鑑定や筆跡鑑定等の科学技術です。

ですから，私の意見では，現在の誤判の主要原因は，証拠の不開示，科学技術，そして不適切弁護です。あとは，精神分析医などの働きかけによって，被暗示性の高い人が「偽りの記憶（false memory）」を生みだしてしまったことによる誤判もありますね。

話を戻しますが，PACEの前と後では顕著な変化が生じているのは明らかです。

■　再審手続からみた弁護の水準

(調)　先ほど来のお話で，警察の捜査技術が向上したということはよく分かりました。では，弁護人の技術についてはどう感じていらっしゃいますか。例えば立ち会い時のソリシターの助言の仕方や，法廷での弁護活動の技術は向上しているのか等という点です。

(C)　簡潔に大枠だけ申し上げますと，全般的な弁護人の水準が低いというわけではありません。

しかし，第一の問題は，刑事司法制度にかける費用がどちらかというと少ないことがあります。ですから，弁護人は時に手を抜いてしまうのです。その結果，重要な問題点を見逃してしまいます。

また，十分な調査をおこなっていないこともあります。本来鑑定証人が必要だったのに，鑑定証人がいなかった事件もありました。

また，私たちが検討した中には，軽微な事件でしたが，被告人側バリスターが公判が開始される寸前に法廷に現れたというものもありました。24時間前になって初めて記録を見たというものがありました。

ともあれ，圧倒的多数の事件において経済的基盤が不十分であるということは言えると思います。しかし，有罪判決を受けた人は，自分以外の全ての人に文句をつけるのです。バリスターが悪い，ソリシターが悪い，裁判官が悪い，警察が悪い。でも自分の心の中をのぞき込もうとする人はあまりいません。

もし私たちが不適切弁護に対してもっと向き合うならば，刑事司法制度はよりよいものとなるでしょう。現状はまったく受け入れがたいものであると，私は考えています。

弁護人の中には，被疑者が本当に何を言いたいか聞こうとしていないことが多いですね。

(C)　私の経験では，PACEによって初めてテープ録音が導入された際に，警察はそのための準備をきちんとおこないました。訓練をし，そのための警察官を養成し，計画を立てました。

しかし，被告人側弁護人はそうではありませんでした。ですから最初の2年間は，きちんと準備をした警察官が非常に優位に立ったのです。

(C)　時に被告人側弁護人たちは，経済的な理由から，あまりにも早い段階で有罪答弁をするように勧めることがあります。私から見ると有罪答弁を勧める時期があまりにも早すぎる事件もあり，それも問題です。それとコインの裏表の関係なのですが，公訴局は事前に司法取引を勧めてしまうこともありますね。

■　ソリシターとバリスターの二元制度について

(調)　日本の弁護士の目からは，ソリシターとバリスターが分かれているというのは信じ難いことです。ソリシターとバリスターに分かれていることによって生じる誤判というものも，かなり存在するのではないですか。

(C)　それは正しい意見かもしれません。

しかし，私はイギリスの刑事司法制度はとてもうまく機能していると思います。それは，批判的な二つの視点から事件を見ることができるからです。

ソリシターはバリスターに事件の記録を送りますが，バリスターが記録を検討することで，ソリシターの気がつかなかった問題点を発見するかもしれません。そしてソリシターに対して，さらなる調査をするよう求めることができます。

私はそう思うのですが，私の長年の大学の同僚の一人は，このシステムを批判し，金の無駄だと言っています。それは金を二倍支払う必要があるからだというのです。しかし，私に言わせればそれは本当の危険ではありません。誰ひとりとして事件にきちんと取り組まないのが，本当の危険なのです。

ソリシターは最小限の仕事をしてバリスターに事件の記録を送ります。そしてバリスターは事件の直前まで記録を見ようとしない。その場合，十分な裁判をおこなうための準備をする人が，誰もいないことになります。

私の実際の経験で，ソリシターから送られた記録に，被疑者氏名，留置されている場所，そして公判が開かれる裁判所名しか書いていないことがありました。それで何をしろというのでしょうか。そんなことではいけないのです。

■　誤判事由の変化—不当取調べから証拠の質へ

(調)　基本的な質問ですが，虚偽自白が誤判の最大の原因であったとすれば，CCRCの立場から見ると，PACEの成立によって誤判そのものも激減したということになるのですか。

(C)　統計的に誤判の数が減少したかどうかを判断するのは不可能です。すべての事件が我々の元にくるわけではないからです。ただ，誤判の種類は変化しました。誤判には虚偽自白以外にもいくつかの原因があるからです。

また，誤判が静的（static）なものであると考えることもできません。15年から20年前には，普通の血液鑑定しか存在しませんでした。しかし，今ではDNA鑑定があります。不完全な科学的理解に基づいたいくつもの有罪判決は，今の私たちにとっては「誤判」なのです。

技術が進歩した現在では，有罪判決が出された当時よりも公正に，そして豊富な資源を用いて調査をおこなうことができます。何もかもが静的であると考えるのは間違いです。警察実務は静的ではありません。科学も伝統的な実務も，そこに止まって動かないものではないのです。

(調)　どのくらいの誤判が存在するかは，神のみぞ知るというところでしょうか。

(C)　誤判の定義をどういうものにするか，という問題もあると思います。誤判にも色々なバリエーションがありますから，本当は無実なのに有罪になったという誤判や，別の犯罪について有罪になったという誤判もあるでしょう。また量刑が不適切かもしれません。このように，誤判には色々な種類がありますから，誤判に関する統計を作成する前に，誤判の定義をどうするかを決定する必要があります。

(調)　CCRC が設立されてから，申し立てられる事件数に変化はありますか。

(C)　毎月 70 件から 80 件の新規申立が行われるのが普通です。

1997 年に CCRC が設立されてから，私たちはこの 4 年間ずっと事件の処理を行ってきましたが，事件処理のレベルを維持するようにしています。月ごとの新規申立件数は設立以来ほとんど変化なく，膨大な事件が私たちの再検討の順番待ちをしています。

(調)　現在の CCRC のスタッフの人数はどのくらいですか。

(C)　委員会の委員が 11 人で，事件再審査マネージャーが 45 人います。その他に各種専門家や法的助言をする人たちがいますから…でも，いずれにせよ事件を扱うのは 60 人程度です。その他にスタッフが 110 人います。設立当初に比べるとメンバーは増えました。どんどん仕事をこなしていかなければならないからです。

(調)「第三ステージ」と呼ばれる，警察に対する再捜査委託が行われた事件数はどのくらいですか。

(C)　1997 年から 21 件について警察に委託しました。

私たちは，犯罪が起こったかどうかを確かめるために，元の捜査をした警察とは別の警察に捜査を委託する権限があります。それは私たちの持っている強力な権限でして，警察に捜査を委託し，報告書を受け取ります。再捜査を委託した21の事件についても，全般的な評価は非常に高く，また委託を受けた警察も非常に協力的で，責任感を持って私たちの要請に応えてくれました。

私たちが再捜査を委託するのは，通常の警察が捜査を行った事件に限られません。税務訴追局（Customs and Exercise）の訴追した事件についても再捜査を委託することができます。とにかく訴追機関が訴追した事件であればどのような事件でも委託可能です。ただし，軍関係は別です。それに関しては私たちの権限は及びません。

（調）　ありがとうございました。

＜トピックス５＞　イギリス犯罪事情 (2)

・路上強盗の増加―「拡張版新聞」対「タブロイド版新聞」

イギリスには，たくさんの新聞が毎日出る。地下鉄の駅に行くと，ぶ厚い各新聞の束が売店のスタンドを埋めている。

その中でも，タイムズ（The Times），ガーディアン（The Guardian），インディペンデンス（The Independence）は「拡張版新聞（broad sheet newspaper）」と呼ばれる。内容はリベラルか保守か幾分トーンの違いはあるものの，バランスのとれた格調の高い記事が多い。もとより読者層も異なるものと思う。犯罪統計公表の記事の紹介のしかたもバランスのとれたものだ。

他方，「タブロイド版新聞（tabloid newspaper）」は，もっとセンセーショナルに事態を把握する。明確に「路上犯罪の増加―都市部の治安の悪化」を基本的なトーンとする記事を掲げた。

両者の記事のコントラストも，イギリス犯罪事情を知る上で大変興味深い。

タイムズ紙（The Times July 12 2002, p 1, p 4）は，「強盗が犯罪増加の原因だ」と小見出しをつけて内務省の公表した統計数字を紹介している。「今日発表の数字によると，強盗は全体として28％増加し 121,000 件認知されている。ここには，個人財産の強奪を伴う強盗の 31％の増加が含まれている。要するに，路上襲撃（mugging）や引ったくり（snatch）類型の強盗である」と強調する。

強盗の急増の原因の１つに少年による携帯電話強盗の増加がある。「犯人のほとんどは少年である。また被害者の多くは 16 歳以下である。携帯電話が窃盗の被害にあうことが多い。路上強盗は 10 の警察本部管轄区域に集中している。83％がここで発生している。なお，ロンドン地域でうち 44％を占めている」。

さらに，「強いクスリを使っている連中が中毒になっているブツを買う資金ほしさに行う侵入盗」も原因のひとつとして指摘されている。他に，薬物事犯が 7％，性犯罪が 11％増加している。

他方，検挙率は長期低落傾向にある。今回も全体として検挙率 23％（約 1,300,000 件）にとどまる。こうした数字をふまえて，「犯罪被害者同盟」の会長の談話を紹介している。「政府筋が警察を各地域に戻す努力をして，刑事司法システムが求められている役割を実現するようにしなければ，ことはもっと悪化する」と警告している。

もっとも，同紙21頁の社説は「焦点は長期的に地域に根ざし市民の支持を受けた警察活動の強化だ」と題する穏やかなコメントを載せている。

数字の見方についても，警察認知犯罪が多い地域はそれだけ熱心に警察が活動し市民も積極的に犯罪を報告する雰囲気があるからではないか，「イギリスの一部地域では，認知犯罪の水準こそ最高位であるが，むしろ実際にはもっとも警察活動が行き届いている場所のひとつでもあるのだ」。

タブロイド紙をみてみよう。

デイリー・メイル紙（Daily Mail July 12 2002, p 1, p 6）は，「路上襲撃，28%増。どこが最悪か？　そう，薬物に汚染されているランベスだ」という小見出しで犯罪統計を紹介している。

焦点は薬物事犯と路上犯罪の増加だ。「ランベスでは，昨年1,000人あたりについて23人が路上襲撃にあっている。都市部では犯罪に浸食されている地区が多いが，群を抜いている。他方，強盗の検挙率は6.7%にとどまる。政府も，路上強盗の増加の原因がクラック（コカイン）の薬物濫用に関係するものであることを認めている」。

他方，BCSの統計では，犯罪全体で2%の減になるものの，ここでも強盗は17%の増加を認めていることを紹介している。イブニング・スタンダード紙（Evening Standard, July 12, 2002, p 14, 15）の見出しは，「ロンドンの路上犯罪，70%アップ」である。そして「…それでもブランケット内務大臣は，勝利は我らにあるというのか」と皮肉る。

もっとも強烈であったのが，デイリー・ミラー紙の7月12日付け特集である（Daily Mirror, July 12, 2002, p 1–p 11）。一面トップには路上犯罪（ひったくり強盗）の被害者の顔写真を並べ，その詳細を計11頁にわたり紹介している。

路上犯罪増加の原因について，同紙は警察本部長協会のスポークスマンのコメントを紹介している。4つの要因が働いているという。「路上に屯するクラックやコカイン常用者が増加したこと，学校を退学したりさぼった少年達が遊び回っていること，窃盗や自動車犯罪からもっともうけになる犯罪に走る傾向があること，盗んだ携帯電話を再販にまわすことが容易にできること」である。

そして，数々の路上強盗の実例を被害者の写真入りで紹介する。24歳の女性が自宅前の庭で男に襲われ，10ポンドと携帯電話を盗まれたが，片目喪失の危機に陥った事件，杖なしに歩けない80歳の男性が襲われて1ポンド28ペンス盗まれた事件，77歳の女性が二人の若者に襲撃されて夕食用に買った2ポンドのフィッシュアンドチップを奪われたが，7日後に死亡した事件などなど。

そうしたページの合間で，ジェフ・エドワード犯罪担当記者は，犯罪現象についていくつかのポイントを摘示する。

まず，「クラックやコカインの常習者は悪癖を続けるために1日300ポンドが必要だ。闇の世界からそんな金額を引き出すためには，3,000ポンド相当の品物を盗む必要がある」。これが路上強盗を育む背景の1つであるとする。また，「犯罪は進化する」という。家や自動車の警備が強化されるようになると，新しい犯罪が生まれる。「カー・ジャック」である。フォードのコルティナに目をつけると，持ち主が車を乗り出すのを待つ。そして，家の車庫を出ようとするときにナイフを振りかざして襲う。イブニング・スタンダード紙の7月12日版では，テンプル・フォーチュンで女性ソリシターがBMWを運転中ふたりの男性が車に乗り込み，彼女を路上に引きずり出して走り去った事件を報道している（Evening Standard, July 12, 2002, p 14）。携帯電話強盗についても摘示する。「今年に入り携帯電話に絡む事件は，月20,000件に近づいている」。一方で，50ポンドの電話を奪うために女性を射殺する事件もあるとしつつ，実は持ち主自身が保険金を得るために自作自演の犯罪を警察に届けるものもある，という。窃盗と嘘つきの集まった社会になっていると警告する。

他方，刑事司法の無力さにも言及するが，その1こまとして次の摘示がおもしろい。

「PACE，情報開示，人権関連立法などが重なることでイギリス警察は，他のことはさておき書類を作成するという悪魔の任務に時間を割かざるをえない状態になっている。テスコの店で中年の女性が10ポンドの雑貨品を万引きしたとしよう。逮捕した警察官は事後処理のため担当地区を4時間ないし6時間離れなければならない。賢明で身体も鍛えられ鋭いまなざしをした若き警察官が，その日のもっとも大切な時間帯を20通以上もの書類を作成して逮捕の詳細を記録化するために使わなければならない。気の遠くなるような書類のリストには，被疑者の取調べ，彼女のカバンやコートのポケットの中身，犯罪の被害者の取調べ，留置記録等などがある。その間，路上では，ひったくり犯，自動車盗犯，ごろつき，侵入盗が警察官の姿がないことを尻目に群れをなしているのである」（渡辺・記）。

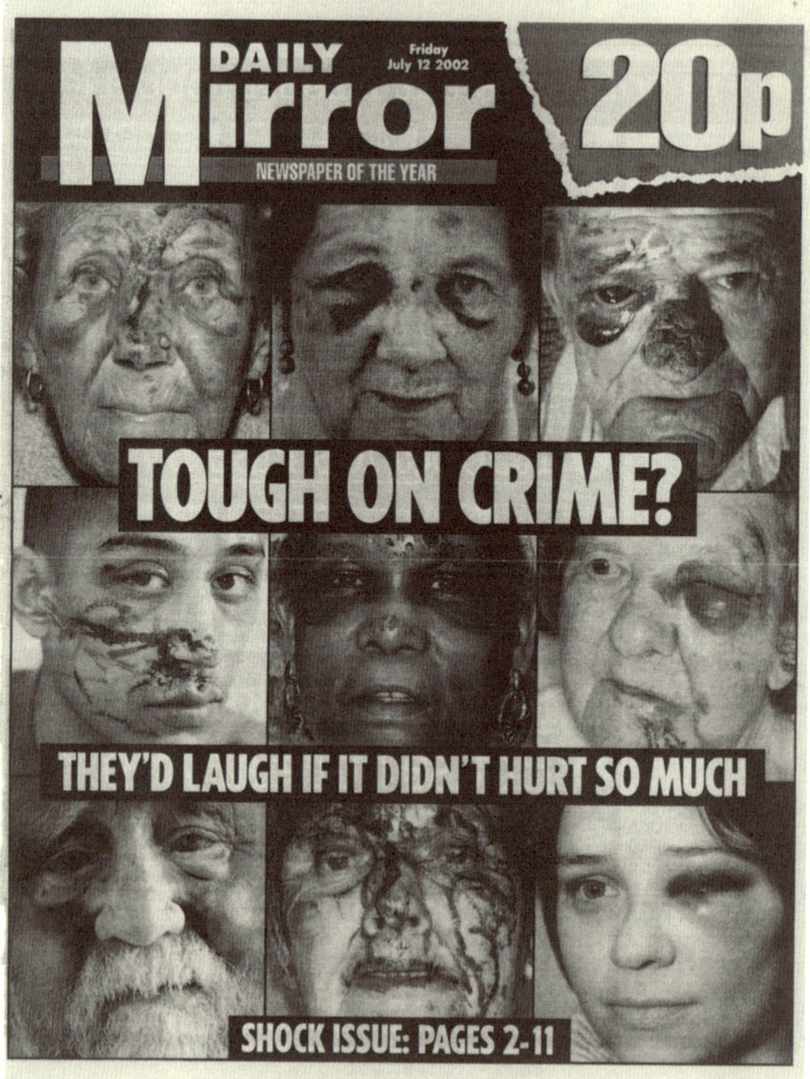
DAILY Mirror

Friday
July 12 2002

20p

NEWSPAPER OF THE YEAR

TOUGH ON CRIME?

THEY'D LAUGH IF IT DIDN'T HURT SO MUCH

SHOCK ISSUE: PAGES 2-11

第 5 章　犯罪捜査と人物識別手続

——テムズバレー警察本部ヒル人物識別専門官に聞く

ビデオ・システムを操作する人物識別専門官

調査日　2002年7月12日
オックスフォード市所在のセイント・アルデート警察署にて

はじめに

オックスフォードのテムズバレー警察セイント・アルデート署において，人物識別に関する話を聞く機会を得た。イギリスでも日本でも人物識別の目的は目撃証人の記憶のテストであるが，人物識別方法，手続について比較するとき，その内容や実施姿勢が大きく異なる。一般的に目撃証人の人物識別は，被疑者と犯人が結びつくのか，いわゆる犯人性の特定のためになされる。人物識別で獲得された目撃証言は被疑者と犯人を結びつけるための資料（証拠）として使用される。

ところで，PACE前は，この目撃証人の人物識別が被疑者にとって必ずしも公正になされていなかった。しかし，PACE後は，制度上の整備も含め人物識別の実施上においても公正さというものが最大限追及されている。

以下，人物識別官のヒル警部の講演及び視察メンバーとのやりとりの内容を報告する。

インタビュー

＊（**調**）は調査団の発言，（**警**）はテムズバレー警察本部側の発言を指す。

■　人物識別手続の概要

（**警**）　ようこそいらっしゃいました。私の仕事は，人物識別を効果的に行うことです。

最初に質問で始めたいと思います。日本では，人物識別はどのように行われているのでしょうか。もし被疑者が否認し，犯罪の目撃証人がいて，手持ちの証拠がその証人の供述調書だけである場合に，どのようにしてあなた方は彼が犯人だと証明するのですか。

（調）　被疑者が逮捕されていない場合には，目撃者に写真を見せて写真の中から選択させます。見せる写真は一枚だけの時もありますし，何枚も見せる時もあります。被疑者が逮捕された後は，写真で同じように特定する場合と，マジックミラーで取調室内の被疑者を見せる場合もあります。これが日本の普通のやり方です。

（警）　ありがとうございました。そういう日本の実際を知った上で，これからお話ししたいと思います。

私は，人物識別官（Identification Officer）です。ここで特に強調しておきたいのは，私は捜査そのものには関わりを持たないということです。テムズバレー警察本部全体として，人物識別官は３人しかいません。私の職務は，すべての人物識別の方法が公正となるようにすることです。実務規程は，その方法について厳格に規定しており，その規程を遵守しながら，人物識別が行われるようにすることが私の任務です。

実務規程ができる前は，人物識別の実務については，信用性も継続性も存在していなかったといえます。それは，PACE 導入以前の取調べと同様です。

人物識別の方法には，少し特殊なところがあります。

人物識別が行われる目的は，証人の記憶をテストする点に尽きます。特に，その証人が犯行現場で犯罪をおこなったのを見たのは誰か，ということが重要になります。被逮捕者が警察署に到着して，被疑者となったときに初めて私の仕事が始まります。

例えば，トニーがペニーに暴行を加えた容疑で逮捕され，目撃証人が二人いたとします。警察はその二人から供述を取って，トニーを取り調べますが，トニーは「自分はやっていない」と言ったと仮定します。また，被害者の女性であるペニーもトニーの知人ではないとします。警察は犯行現場ではなく，時間が経ってから，別の場所でトニーを逮捕したとしましょう。トニーは逮捕され，取調べを受けるわけですが，取調べでトニーは「犯人は自分ではない」と述べました。

その時トニーには，自分の無実を証明する権利があり，人物識別はその権利の一部なのです。そのような場合，取調官は私に対して，人物識別パレードを実施してくれと言ってきます。

現在，実務規程には人物識別の方法が書かれていますが，主要なものは3種類です。

■　人物識別手続の3類型

（警）一つ目は，アメリカの映画でご覧になるような，実際に人間を並べて行う人物識別（physical line up）です。この場合の私の仕事は，トニーに外見のよく似た人を探して来ることです。後でこうした種類の人物識別を実施する部屋をお見せします。目撃証人はひとりずつ部屋に入って，並んだ人を前に人物識別を行うことになります。そして，トニーが犯人であると見分けられるか確認します。

PACEの実務規程は非常に厳格なので，何らかの誘導が行われて，手続に汚染が発生する機会は皆無です。手続は大変公正に行われます。

被疑者がソリシターの立会を望む場合には，そうすることができます。事件の担当官が人物識別に何らかの関与をすることは全くありません。ですから，捜査官は目撃証人に対して，トニーがどのようなネクタイをしていたか，あるいはシャツが何色かなどと言うことを告げることもできないのです。

一方，被疑者に顕著な特徴がある場合には，人物識別が大変困難なものになります。例えば，被疑者が6フィート6インチ（約198 cm）の身長で赤毛だったとします。大変に特徴的な被疑者です。そうなると私は，6フィート6インチの身長で赤毛の被疑者に似た人を，沢山探すことになります。

もし目撃証人が「犯人は6フィート6インチで赤毛だった」と言ったのに，人物識別パレードの行われる部屋に集まっている他の人が違う外見であったならば，6フィート6インチで赤毛の人間は被疑者だけということになってしまいます。それは問題です。

もう一つは，集団人物識別（group identification）という方法です。これは警察署の中ではあまり行われませんが，公式の手続です。

もしも，被疑者に似た人を警察署に連れてくるのが難しい場合には，この警察署のあるオックスフォードのシティセンターのような場所に被疑者を連れて行きます。統制された条件のもとで，被疑者にシティセンターを横切って歩かせるようにするのです。

私は目撃証人と一緒にいて,「周りを見回してください。あなたが目撃した人に似ている人はいますか。」と質問します。

これがまた大変に難しいことなのです。というのも，目撃証人は，人混みに神経を集中させなくてはなりません。シティセンターは人混みであふれかえっており，たくさんの人が歩き回っています。目撃証人がある方向を見ている時に，被疑者が違う方向を歩いていたならば，目撃証人は被疑者を目にすることはできません。

しかも私たちは，こうした識別を一回しか行うことが許されていません。ですから私たちは，あまりこの種の人物識別を行いません。それは単純に，目撃証人にとって公正ではないからです。

もうひとつの選択肢として，ビデオ・システムを用いる方法があります。すでにクライブが実務規程の変化について話をしましたが，実務規程の変化は人物識別にも及んでいます。実務規程は何年か前に書かれたものですが，その後技術は進歩し，私たちには現在ではビデオ・システムがあります。

以前は，被疑者が人物識別手続を行うことに同意すると，まず実際に人間を並べて行う人物識別の方法が取られるのが普通でした。

集団人物識別は二番目の選択肢で，ビデオによる人物識別は最後の選択肢でした。

しかし，技術が進歩したことからこの順番が変わり，選択肢の第一がビデオによる人物識別となり，次に実際に人間を並べて行う人物識別，最後に集団人物識別というふうになったのです。

これからビデオによる人物識別をお見せしますが，コンピューターの中にはボランティアの情報が入っています。昔ながらの実際に人間を並べて行う人物識別では，私たちは被疑者に似た人を探さなければなりま

せん。それは困難なことです。ボランティアの人々は警察署に来なければなりませんが，彼らも忙しいのです。また，私たちも十分な人数を揃えられないことがあります。

ビデオ・システムのおかげで，これまでのボランティアの情報はコンピューターに入っていますから，私たちがすることといったら，被疑者をビデオで撮影することだけなのです。ビデオによる人物識別は，実際に人間を並べて行う人物識別と全く同じです。ただ機械を使って電子的に行うだけなのです。

■　ソリシターと人物識別手続

(警)　ソリシターは問題です。人物識別の場面でも彼らは，私たちがやろうとしていることを駄目にしようとします。彼らの仕事が依頼人の弁護にあることは明らかです。しかし，私の仕事は，被疑者に対して公正でなくてはならないと同時に，目撃証人に対しても公正でなくてはならないのです。私たちは，目撃証人が誰かを識別できるかどうかに関して，目撃証人もテストするのです。その際も公正でなくてはいけません。

例えば，被疑者が赤毛だったと仮定します。これは大変特徴的です。同じような髪をした人を探すのはとても難しいことです。ソリシターは，実際に人間を並べて行う人物識別の参加者に帽子をかぶせて髪を隠せと要求するでしょう。

被疑者が，イヤリングや鼻輪をしている場合には，それらをはずすことを拒否したりします。そうなると，

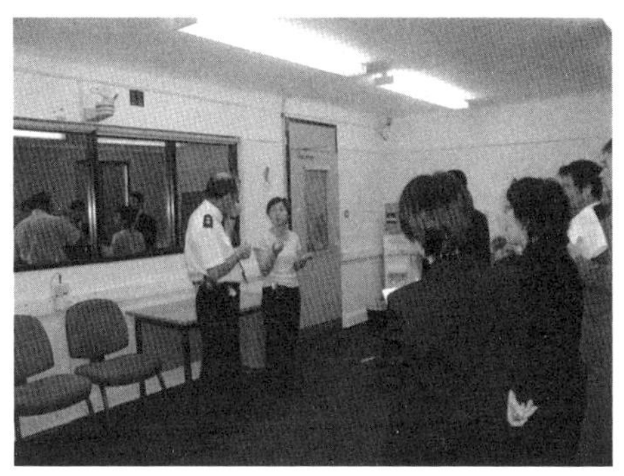

私たちはイヤリングや鼻輪をしている人を見つけなくてはなりません。または私たちは，参加者の耳や鼻を覆って人物識別を行わなくてはなりません。

私の意見では，そうしたことをすべて実行するのは，目撃証人にとって非常に困難な事態になります。彼らに不利益を課すことになるのです。

■　人物識別室にて

（警）　ここで行われることはすべて慎重に統制された条件下におかれなくてはなりません。手続の信用性のためです。

被疑者が警察署に到着すると，被疑者はこの部屋から離れたブロックの房に連れて行かれます。被疑者が安全に留置されると，被疑者は他の人と会うことはできません。目撃証人たちは，外部からこの警察署にやって来ます。目撃証人用の入り口は別になっています。それは，今私たちが立っている廊下の向こう側にある入り口です。

目撃証人にはエスコート役として私たちのスタッフが付きます。エスコート役の警察官は，捜査に何の関与もしない人たちです。それも手続の信用性を証明するためです。また目撃証人たちは，事件のあった日に自分が何を見たかをお互いに話さないようにと，特に注意されます。

人物識別パレードに参加するボランティアたちは，目撃証人用の入り口とは違う入り口から警察署に入ります。それは，目撃証人が人物識別パレードの実施前に，ボランティアの誰とも会わないことを保障するためです。

まずボランティアの人を，人物識別パレードが行われるこの部屋の中に入れます。次に被疑者が留置されているブロックにいって，被疑者を連れてきます。

どうぞ中に入って，実際に部屋を見てみてください。

これが私たちのマジックミラーです。とても大きいでしょう。

最初に，被疑者はソリシターと一緒にこの部屋の外の廊下に立ちます。被疑者は廊下から部屋の中にいる参加者を見ます。そして自分と一緒に並ぶ人を，被疑者が選びます。選ぶのは人物識別官である私ではありません。選ぶのは被疑者です。被疑者の好みで選ばれた人々は，被疑者に似ています。そして私たちは，被疑者が列の中のどの場所に立ちたいかを被疑者に尋ねます。

実務規程は，ボランティアを最低8人用意しなければならないと定めています。おそらくアメリカとは少し事情がちがうと思います。たぶんアメリカでは，4人か5人用意することになっているのではないでしょうか。それは，被疑者に公正であるということと目撃証人に公正であるということのバランスの問題です。

私の仕事は，被疑者に対しても目撃証人に対しても同等に公正であることを保障することなのです。

この部屋で起こるすべてのこと，そして外の廊下で起こるすべてのことは，ビデオによって録画されます。部屋の中には三台のビデオカメラがあります。真正面にあるビデオカメラは左右に動きます。

被疑者が髭を生やしていたり顔に目立つ傷がある場合には，メイクアップ・アーティストを使って，髭でも傷でも何でもつくってしまいます。

繰り返しになりますが，私の仕事は，ここに並ぶすべての人の外見をよく似せることなのです。

でも，ひとつ危険がありまして，私は時に，あまりにもいい仕事をしてしまって，並ぶ人が似すぎてしまうことがあるんですよ。時には，証人が見分けることができなくなってしまうんです。やりすぎてしまう，ということもありますね。

ビデオがありますので，後になって，人物識別官である私の言動や証人の言ったこと，そしてボランティアたちがどの程度似ていたか等について問題となった場合には，録画したビデオ・テープが法廷で再生されます。そうして裁判所が，私が公正に職務をおこなったか否かを判断するのです。一日の仕事を終えて警察署を離れる時に，自分が公正だったと感じることのできる仕事をすることが大切なのです。

(調)　ここに椅子があるのは，立ったり座ったりという動作をさせたりするからでしょうか。

(警)　時々，証人が人物識別パレードの参加者にそうした動作をさせることもあります。もしも犯人が立っているところが目撃された場合には，すべての参加者を立たせたりします。目撃証人が廊下から部屋の中を見た時に，並んでいる人のうちの二人がよく似ていると感じた場合には，顔だけではなくて，目線の高さや体全体を見て判断します。もしも目撃された犯人が6フィート6インチの身長だった場合には，参加者が座っているともう一度目撃証人が識別をすることは難しくなります。しかし,6フィート6インチの人を8人用意することが困難な場合には，私たちは参加者を座らせておきます。座っていると，背の高い人もそれほど高くない人も，座高はたいして変わらないからです。とても背の高い人の人物識別にはそうすることが最もよいのです。

被疑者が19歳や20歳の場合には，私はオックスフォード大学のボート部に行ってボランティアを探します。彼らはとても体が大きいですからね。ボランティアの参加者には,私たちは10ポンド支払っています。そうするとたくさんの人がやって来ます。学生は貧乏ですから。

(調)　実務規程では，部屋の大きさやマジックミラーから列までの距離などの規定もおかれているのですか。

(警)　部屋の大きさは規定されていません。マジックミラーとビデオだけが定められています。もしもソリシターの立会がない場合には…，そういうことは時々あるのですが…，人物識別パレードは必ずビデオ録画されなくてはいけません。ソリシターが立ち会っている場合には，必ずしも録画しなくてもいいことになっています。けれども私たちはいつでも録画しています。それがよい実務であると考えるからです。

その後，廊下にいる目撃証人に識別できたかどうかを尋ねます。その際私は特に,「あなたがもしも識別できなかったら,そう言ってください」と言います。

もし目撃証人が識別できなかったならば，その人物識別パレードは勘定に入れられません。3人の目撃証人がいる場合，最初の証人が人物識別パレードをおこなった後で，被疑者は立つ位置を変えることが許されています。

(調)　もしも最初の目撃証人が,「この人が犯人だ」と識別して，次の目撃証人が違う人を犯人だと言ったらその人物識別パレードは証拠になるのですか。

(警)　例えば，もしも被疑者が第5ポジションに立っていて，目撃証人が第4ポジションの人を選んだとします。そうしたら，その人物識別パレードは検察側主張を増強する証拠にはなりません。最初の目撃証人が被疑者を選び，次の目撃証人が被疑者以外の人を選んだとしても，その人物識別パレードはよい証拠となります。最初の人は被疑者を選んだのですから。「最初の人は被疑者以外の人を識別しなかったよい目撃証人である」という事実を，そこから引き出すことができるのです。

(調)　被疑者以外の人を目撃証人が選んだ人物識別パレードは証拠とならないんですか。マイナスの証拠として使えないんですか。

(警)　目撃証人が被疑者以外の人を識別した人物識別パレードは，被告人側の証拠として使うことができます。多くの刑事事件で，警察署における人物識別パレードは争点となります。最も信頼の置ける人が目撃証人として法廷に立つのです。

■　ビデオ・システムルームにて

(警)　(＊編注。本章冒頭写真のように，コンピューター•ビデオシステムを操作しながら)今，髭について選択しました。コンピューターに，きれいに髭を剃った人物を出すように指示を出したところです。結果が出てきましたね。557人該当者がいます。すべてボランティアです。該当者を見たい時にはこのボタンを押すと，写真がこのように出てきます。47画面に及んでいます。

(調)　怪しそうに見える人もいま

すね。

(警) 何かやってる人も，この中にいるかもしれませんよ。

被疑者はこのモニターの画面を見ながら，ビデオ・システムによる人物識別の参加者を選びます。自分に似ている人を選ぶのです。もし写真を大きくしたい場合には，拡大できます。

これは，実際に人間を並べて行う人物識別と全く同じです。モニターの上でひとりずつ選んでいくのですから。目撃証人は，モニター画面上に並んでいるボランティアたちと，被疑者がモニターの中で右を向いたり左を向いたりしている動画とを，後でひとりずつ見ていくことになります。

ひとつの画面でいっぺんに全部の画像を見るわけではありません。それは証人にとって不利益となるので，一度にひとりずつの画像を見るのです。

実際に人間を並べて行う人物識別では，二人のよく似た人がいた場合，目撃証人は「どっちだろう」と見比べることになります。このシステムではそのようなことはありません。

(調) 選ぶのは必ずひとりでなければいけないのですか。この二人のうちのどちらかだと思う，ということはないのですか。

(警) そうすることもできなくはありません。時にはそういうことも起こります。しかし問題は証拠価値です。

ひとりに絞れない場合には，証拠価値が低いというか乏しいというか，そう扱われます。ですから，確かにそう思うかということを，私は目撃証人に求めます。

もしも目撃証人がたくさん存在していて，そのうちの何人かが正しく被疑者を選択したならば，ひとりに絞れないというその目撃証人の供述は，強い証拠ではないが他の証拠を補強するものにはなります。

このビデオテープを見て下さい。周りにはシールが貼ってあります。これは先ほどの録音テープと全く同じことです。同じ取り扱いがされています。では，ちょっとお見せします。

私はウェスト・ヨークシャーに情報をくれるように申請をしました。彼らは電話線を通じて情報を提供してくれたわけですが，その情報は私のモニター上に出てきます。私のすることは，何も録画されていないビデオテープをこの機械に入れて，録画ボタンを押し，再生ボタンを押すだけです。

そうすると，送られてきた情報がコンピューターに記録されて，ここオックスフォードでもビデオテープを作成することができるのです。

そのようにしてビデオテープを作成すると，このケースの中に入れて封印をします。この封印を破るのは，ソリシターまたは被疑者の立会のもとでだけです。

目撃証人が警察署に到着して，再び統制された条件下でソリシターの立会のもとで…でもそこには被疑者は同席しません…そうした状況で私たちは目撃証人にビデオテープを見せるのです。

実際に人間を並べて行う人物識別のように，目撃証人はビデオテープを一度ならず，好きなだけ繰り返して見ることができます。私たちはそのようにして，被疑者が目撃証人によって人物識別されるかどうかをみるのです。

何か質問はありますか。

(調)　ずいぶん日本とは違います。モニター画面上の写真を次々に見ていくのですね。

(警)　あなたがたの国で用いられているやり方は，私たちにとっては最後の手段です。私たちは多くの人々の協力を得て，こうした識別をおこなっています。もしも人々がこうした人物識別手続に協力したくないと考えた場合には，私たちは強制することはできません。

被疑者が知らないうちに，マジックミラーになっている窓を利用して，ビデオで撮影することも可能です。ただ，PACE の実務規程が変わって，そのような方法を取る場合は制限的になりました。

(調)　では，被疑者の許可なしにビデオ撮影するということはしないのですか。

(警)　昨日のことですが，一件撮影しました。被疑者はアフリカ系カリブ人の男性で留置されていたのですが，肩より少し長めのドレッド・ヘアで，口の周りに髭を生やしていたのです。

私たちは同じような外見の人を見つけることができませんでした。私たちは，おそらく彼は人物識別パレードに参加したくないと考えるだろうと予想しました。そこで彼が留置エリアにいるとき，彼が知らないうちに,彼をビデオ撮影したのです。そうすることは法律で許されていますからね。

(調)　しかし，被疑者の知らないうちに撮影するならば，被疑者はモニター上のボランティアとは違う動作をするのではないですか。

(警)　その場合には，被疑者は右を向いたり左を向いたりという，決まった動作はしません。それは撮影される人の同意がなくてはできません。人物識別手続に参加したくないという被疑者に関しては，被疑者をビデオ撮影した後，町中で被疑者と似た人を探します。そして似た人がいたら，その人たちに警察署まで来てもらって，同じ状況，同じ場所で，同じ動きをしてもらいます。そのようにして集めた画像をひとつにまとめて，それを目撃証人に見せるのです。

(クライブから質問)　この町でドレッド・ヘアに髭の男が見つからなかったらどうするんだい。

(警)　そう，そうしたらロンドンに行って…コベントリーあたりはどうだろう。

(クライブから説明)　今，どうして私がこのような質問をしたかというと，私たち警察は可能な限り適正な人物識別手続，適正なシステムを目撃証人に対して提供しなければならないと考えているからです。

そういう長いドレッド・ヘアの人たちは，警察に協力しようとしてはくれないでしょうが。

(調)　このオックスフォードの町ではということですか。

(警)　どこでもです。

被疑者の同意を得ずにビデオ撮影して，それを目撃証人に見せる場合というのは，そういう場合です。

しかし，証拠という観点からは，そうしたものは強い証拠とは言えません。おそらく,「目撃証人は単純に被疑者がドレッド・ヘアで特徴的な外見だったから，被疑者を選んだのだ。」という主張がなされるでしょうね。

私たち警察は，時に，間違った人を逮捕してしまうことがあります。オックスフォードの町には，ドレッド・ヘアをしている，私たちが特別よく知っている人物がいます。顔立ちはよく似ています。しかし実際にはその人物は，被疑者ではありません。ですから，他の証拠がないならば，裁判所は彼を訴追することを躊躇するでしょう。

(調)　日本の機械を使っているけれど，日本の実務とは全然違いますね。

(警)　日本の機械は最高ですよ。

■　会議室にて―まとめの質疑

(調)　コンピュータを使って，顔の形を変形させるようなことはしていますか。

(警)　そういう技術は存在しています。けれども，この警察にあるシステムでは，それはできません。

私たちは，そうした技術によって，自分たちが作り出したイメージの統合性がみだりに変更されてしまったり，ソリシターによって参加者全員が完全に同じように見えるようにしろと求められるのではないかという懸念を持っています。

重要なのは，被疑者が傷のような特徴的な外見を持っている場合，ソリシターは，そうした傷を取り除けと言います。そうすると目撃証人は，その人物を傷のない状態で見ることになります。もしも目撃証人が犯行現場で傷のある人を見ていたならば，そのことによって目撃証人は，真に深刻に混乱してしまうからです。

(調)　実際に人間を並べて行う人物識別パレードを，あれ程厳密に行うと，被疑者を犯人として識別する率は下がるのではないですか。

(警)　その質問に答えるのは難しいです。私たちは間違った人を逮捕することもありますし，また，単純に目撃証人が被疑者を識別できないこともあります。

人物識別パレードは，犯行からしばらく経って行われることもありますので，被疑者が例え有罪であったとしても，目撃証人の記憶は時間の経過とともに減衰してしまいます。

そういう意味でとても難しい質問です。イギリス全体について行われた調査では，実際に人間を並べて行う人物識別パレードのうちの53%で，目撃証人は被疑者を人物識別しています。ビデオによる人物識別では56%という結果が出ています。

ビデオシステムによって，人物識別パレードをより迅速に行うことができるようになりました。現在，実際に人間を並べて行う人物識別を行おうとすれば，準備が大変なので，大体3週間くらい必要です。しかし，ビデオを使えばもっと迅速に実施できるのです。人物識別手続に対する要請はとても高いですから。

(調)　それでは，現在の人物識別方法が厳しすぎる，目撃証人にとって不利益だという批判はそれほど強くないのですね。

(警)　まあ，そうですね。私の意見では，もし目撃証人の質がよければ何ら問題はないんじゃないですか。

ただ，目撃証人はビデオシステムの方を好みます。というのも，年輩の目撃証人にとってはその方が利益となるからです。車椅子の人にとっても同じです。また若年の目撃証人にとっては，手続に参加すること自体がトラウマとなってしまうこともあるのです。犯罪者に近づくことになりますので，目撃証人が大変に傷つきやすい人々である場合には，恐怖を感じたりとまどったりします。ビデオシステムでは，そういう事態にはなりません。

時間的な面でも，ビデオシステムを使うことには利点があります。例えば，目撃証人が夜働いている場合でも，彼の都合のいい時間に人物識別パレードを実施することが可能になります。

また，目撃証人の家に出向いて，そこでビデオを再生して人物識別パレードをすることもできます。目撃証人が重傷を負っている場合にも，病院で実施できるのです。そのような場合にも，PACEの規定に乗っ取って手続がすすめられます。ソリシターを立ち会わせ，パレードの際に何が起こったのか，その時の様子がビデオ録画されます。

先ほど，下の部屋で，目撃証人がビデオモニターで人物識別をする時に，その様子をビデオで記録すると言いましたよね。目撃証人が，警察署以外の場所で人物識別を行った場合にも，被疑者には，その場にソリシターを立ち会わせる権利があります。そして人物識別の場面もビデオ撮影が行われるのです。そういった観点からすると，ビデオシステムの方が，より柔軟性が高いと言えるでしょう。

(調)　先ほどのコンピューターの中の人物情報についてお聞きします。ある人物が似ているか似ていないかについて，人物識別官の間で意見の相違があった場合には，誰が決定権をもつのですか。

（警）　最後に決定するのは私です。しかし，似ているかどうか似ていないかどうかは，主観的なものです。二人の人物に関して，例えば私が似ていると考え，そしてソリシターまたは被疑者が「似ていない」と私に言うとします。そうしたら私はこう言うでしょう。「では，裁判所に決めてもらいましょう。私は公正に職務をおこなっています。裁判所に決めてもらいましょう」と。

（調）　ありがとうございました。

<トピックス 6>　CCTV の「威力」と「無力」―ある少女失踪事件

◆ CCTV のこと

今回の調査旅行では，ロンドン，ブリストル，バーミンガム，オックスフォードの 4 都市を訪問した。どの都市でも，「監視カメラ（closed circuit television）—CCTV」がそこここに見受けられる。公共のオープンな場所を監視するカメラはもとより，地下鉄の構内などちょっとした公共空間には「監視カメラ作動中」の看板がある。ブリストルの治安判事裁判所内部にも設置されていた。確かに，人の行動が確実に記録されているのであれば，その空間に関しては犯罪抑止に役立つのではないか…そんな感想を持ちながら，監視カメラを眺めていた。

ところで，帰国後の 2002 年 8 月に「監視カメラ（CCTV）」に関する調査が内務省から公表された。CCTV 設置計画について，こう説明がなされている（Home Office Research Study 252, Crime Prevention Effects of Closed Circuit Television：A Systematic Review (Aug. 2002), Home Office Reaserch, Development Statistics Directorate. 以下，研究と略する）。

「イギリスでは，CCTV は刑事司法以外の犯罪抑止政策としてもっとも予算を費やしているものである。1999 年から 2001 年の 3 年にかけて，イギリス政府は 170,000,000 ポンドを支出して，『町と都市部の中心地域，駐車場，犯罪多発地帯，居住地区における CCTV 計画』を実施した…1996 年から 1998 年に至る期間をみ

ても，内務省が犯罪抑止策に支出した予算の実に1/3がCCTVに費やされている」(研究44頁)。

問題は，対費用効果である。調査はあらたに実験などをするのではなく，すでに公表されている文献を渉猟することにより，犯罪抑止効果に関する知見を得ようとするものである。

結論を要約すると次のようになる。

⑴　現在のところ，CCTVは駐車場における犯罪を減少させる点ではきわめて効果的である。ただし，駐車場におけるCCTVの成功といっても，自動車犯罪の減少に限られている。また，CCTVと同時に，照明を明るくすること，CCTV監視中との看板を掲げることなど他の抑止策と併用されていることも注意しておかなければならない。

⑵　都市中心部，公共施設，公共運輸機関におけるCCTV配置については，犯罪発生に対して大きな影響を与えていない。

⑶　大まかに言えば，CCTVによって犯罪を抑止する程度は低い(以上，研究45頁)。

◆ミリー事件の不幸―太陽光の反射とCCTV

今年5月22日，14歳の少女が学校から帰る途中失踪した。これがミリー事件だ。我々が渡英した7月段階では，所在不明になった原因に関する手がかりはほとんど得られていない。他方，捜査費用がかさむため，新聞は警察が捜査体制縮減に向かうのではないかとの観測記事を載せはじめた。

事件は日中に人通りも車の通りもある路上で起きている。だが，誘拐に関わる情報が全く寄せられなかった。そこで，警察は情報を求めるため，CCTVの画像の公開に踏み切った。

インディペンデンス紙は，学校から校庭にでるミリーの姿をくっきりと写した

CCTV の連続写真を掲載している（The Independence, July 10, 2002, p 4)。デイリー・テレグラフ紙（The Daily Telegraph, July 13, 2002, p 6)，イブニング・スタンダード紙（Evening Standard, July 12, 2002, p 5）は，それぞれミリーが失踪した直前の姿と思われる CCTV の連続写真を掲載している。

警察の説明では，ミリーが通学に使う駅構内の CCTV に午後 3 時半頃，ミリーが友人と写っている。一緒に帰宅した友人の証言から，午後 4 時すぎにはミリーは駅を出て友人と別れて自宅に向かった。駅周辺の 2 方向からの CCTV を分析した結果，100 ヤードほどの間に路上で誘拐されたものらしい。CCTV には，この前後に犯行現場付近を通る人々が写る。警察は，犯行とほぼ同時刻と思われる頃に犯行場所近くを歩くギターを抱えた男性に名乗り出ることを求めている。

ところが，CCTV に問題があった。まず，駅に設置されている外部向けのカメラはこのとき作動していなかった。

「警察は，付近のバード・アイ・ビルに設置された CCTV の記録を取り寄せた。ミリー（当時 13 歳でアマンダとみなから呼ばれている少女）が最後に目撃された場所が映し出されている。ところが，太陽の反射光のため，なにも見えない。警察が発見できたのはこの事実であった。ミリーはこの辺りで誘拐されたと警察はみている」。

デイリーメイル紙には，その反射光で何も写っていない写真も掲載している（Daily Mail July 13, 2002, p 5)。

この事件では，CCTV が被害者の行動を相当細かく特定し，犯行の時間と場所の確定に大きな力を発揮している。しかも，犯行場所に居た人々の映像も残っている。情報を収集する手がかりが相当あるはず。なのに，渡英段階で 2 月近くを経ているのに，有力な情報は警察の元に集まっている様子はなかった。

CCTV の「威力」と「無力」をまざまざと見せつける記事であった。

ミリーの無事を祈るしかない（渡辺・記)。

Daily Mail, Saturday, July 13, 2002 V1 Page 5

Gone in 60 seconds

Missing Milly was snatched off the street in the minute after she left her friends, police believe

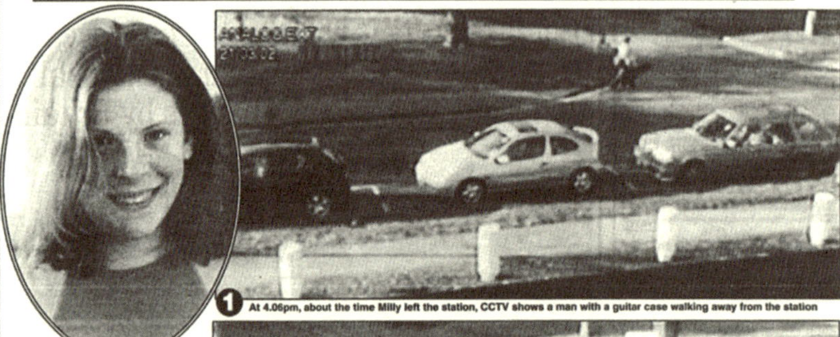

Milly Dowler: Missing for 16 weeks

1 At 4.06pm, about the time Milly left the station, CCTV shows a man with a guitar case walking away from the station

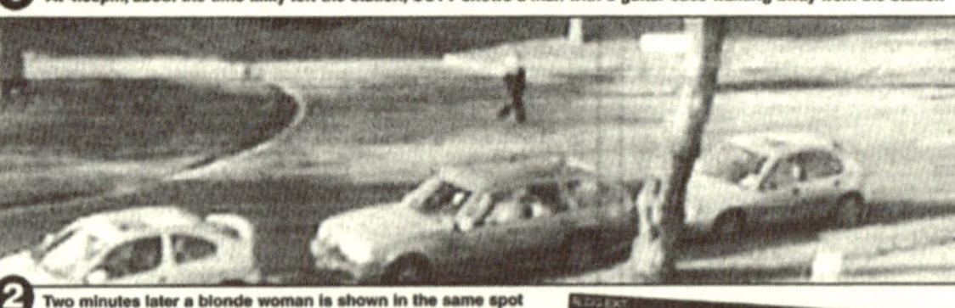

2 Two minutes later a blonde woman is shown in the same spot

3 At 4.11pm a group of four women walk towards the station

4 The FBI is trying to clear up images affected by the sun's glare, which *may* show Milly's abduction

By **Stephen Wright**
Chief Crime Correspondent

MISSING teenager Amanda 'Milly' Dowler was probably snatched off the streets within a minute of leaving a railway station on her way home from school.

Milly was not following her usual route, leading detectives to believe she was the victim of a 'chance abduction' by a motorist lurking in the area.

The theory emerged yesterday as Surrey Police released CCTV footage from the road where the girl vanished 16 weeks ago.

Officers say her kidnapper struck during a 60-second 'window', either through force or some form of trickery.

They do not know whether Milly – whose 14th birthday was last month – knew her attacker, but believe there was almost certainly a sexual motive for the abduction.

Psychologists who have profiled the likely kidnapper believe he is not a paedophile, but a sex offender who targets 'post-pubescent children'.

Detectives are carrying out checks on dozens of registered sex offenders.

They say that if, as they fear, Milly is dead, it is 'statistically likely' that her body has been hidden within a one-and-a-half mile radius of Walton-on-Thames, Surrey, where she disappeared.

How she vanished on a busy, suburban road, remains a mystery. A witness saw her walking along a road in Walton as she left the town's railway station and headed home on March 21. The last sighting was at 4.08pm.

But CCTV footage from a revolving camera on the Bird's Eye Walls building further along the road failed to capture her image.

Police believe she was snatched in the 50-yard 'gap' between the point where she was sighted and the building where the camera was positioned.

One theory is that the kidnapper was waiting in a vehicle in the station car park, or that he pulled up alongside her as she walked.

The officer leading the inquiry, Detective Chief Superintendent Craig Denholm, appealed for help to trace potentially vital witnesses.

He urgently wants to identify a number of people shown on the CCTV footage, to see if they remember seeing Milly walking towards them.

In particular he hopes to find a man with a guitar, a blonde female, a group of women and a cyclist.

The footage is a 'key piece of evidence', but the quality is variable, particularly where the camera is looking into the glare of the sun.

Police have sent the video to the FBI in an attempt to get clearer images, but Mr Denholm is 'not optimistic' that they can make the pictures any sharper.

Five British experts have already tried unsuccessfully to remove the sun glare from the footage.

He said: 'If it showed an image of her at exactly the right time and us able to see a car that pulls up alongside her, that would be Utopia for me.'

There is clear footage from the revolving camera of the road Milly would have taken if she had walked home from the station, Mr Denholm said.

Had she done so, she would have appeared on it three times – but there is no sign of her.

On the afternoon she vanished, Milly had travelled by train with schoolfriends from Weybridge to Walton. The next stop is Hersham, where she normally got out. Both stations are close to her home.

CCTV footage shows she was at Weybridge station at 3.23pm. Within a quarter of an hour she was at Walton station.

There she said goodbye to one friend and joined at least one other in a cafe on the eastbound platform. They shared a bowl of chips and at 3.47pm she phoned her father to say that she was running late but would be home in half an hour.

Several minutes later the girls left the station and parted.

Yesterday it was revealed that CCTV cameras at the station were not working that day.

The last time Milly was definitely seen was by a schoolfriend on a passing bus. She was some 200 yards from the station door, walking alone along Station Avenue in the direction of her home.

Mr Denholm said the investigation was 'unique and extremely challenging'. He added: 'It is most unusual not to have any witness, body, scene or main suspect.'

Officers have arrested two men. One has been eliminated from the inquiry, but investigations are continuing with the second.

Police are keen to trace a red car and also white vans seen in the area, but Mr Denholm said it was 'a difficult line of inquiry' with such common vehicles.

He said it was highly unlikely that Milly had either taken her life or run away.

Officers have asked the public to report anyone who noticeably changed in their behaviour following Milly's disappearance.

In particular they are keen to hear about people who moved house shortly after Milly disappeared, or cleaned their car or clothes in an unusual way.

s.wright@dailymail.co.uk

終章　イギリスの取調べ可視化から学ぶもの

小坂井久　秋田真志

ハイドパークにて

終章　イギリスの取調べ可視化から学ぶもの

1　PACE の制定･施行は，イギリスにおける捜査活動を多くの点で変化させた。捜査機関に対する，「被疑者取調べ録音義務」の導入も，こうした変化のひとつである。

同国における被疑者取調べ録音手続の詳細は，PACE の下で定められた実務規程 E に見ることができる(トピックス 3 参照)。取調べ録音に使われる録音機の多くは，写真のように 2 本のテープを同時に録音できるタイプである(写真参照)。こうしたタイプの録音機は，ダブルデッカーと呼ばれている。2 本のテープを同時に録音する目的は，改ざんの防止である。

実務規程 E の定める取調べ開始手続には，テープ設置の方法，取調官及び立会者の確認，取調べ時間・場所の確認，テープについての説明，黙秘権や無料による法的助言を受ける権利の告知などがある（実務規程 E, paras 4.3〜4.5 E)。当該手続が実際にどのように運用されているかは，デントン刑事実演による模擬取調べのなかでも，つぶさに見ることができた (2 章 2 節)。

また，取調べ途中の手続に関しても詳細な規定が存在する。具体的には，被疑者からの異議申立に対する扱い，テープ交換の方法，休憩の取り方，録音機が壊れていた場合にとるべき措置，取調べ途中のテープの取り出しなどである（実務規程 E, paras 4.8〜4.15)。

取調べ終了手続では，訂正申立の機会付与，終了時間の記録，被疑者に対するテープ開示についての説明が行われることが定められている（実務規程 E, paras 4.17〜4.19)。取調べ終了後，同時に録音された 2 本のテープのうちの一本は，被疑者の面前で封印され，「マスター•テープ」として別途保管される。被疑者の面前で封印される理由は，それにより，テープの完全性が保持されるという被疑者の信頼を確立するためである（実務規程 E,　指導注記 2 A)。取調べ終了手続及びテープ封印手続についても，模擬取調べで見ることができた。

ダブルデッカー

2　このような取調べの録音義務導入は，捜査実務及び公判実務にどのような影響を与えたのだろうか。そして，イギリス国内では，どのように評価されているのか。以下，まとめておきたい。

総括的に言えば，今回私たちがおこなった調査では，被疑者取調べの録音義務導入に関して，捜査側からも弁護側からも，否定的な見解は全く聞かれなかった。

まず，バーミンガム大学のジョン・ボールドウィン教授である（1章）。ボールドウィン教授は，PACEが取調べ録音を導入した4〜5年後，すなわち1990年代初めに，約800本の取調べ録画テープを検討した。彼の目に映ったのは，下手な取調べをおこなう警察官と沈黙する立会弁護人の姿であった。ボールドウィン教授は，録画テープの中の被疑者が権利を侵害されていることに対する懸念を表明した。しかし，この懸念は，あくまで1990年代初めの取調べ状況に対するものであることに留意すべきである。もとより，このような取調べの実際が明らかとなったのも，取調べが録画されてこそのことである。同教授は，録画・録音により，取調べ実務の公正さを判断できるようになったことを，高く評価している。

また私たちは，同じバーミンガムにあるCCRCの委員として活動している元警察官からも話を聞いた（4章2節）。彼らには，警察の捜査能力の向上に対する強い自負があった。この点，彼らの見解は，ボールドウィン教授とは異なる。彼らは，取調べ録音義務が導入されて以降，現場警察官の取調べ技術が向上し，客観的科学捜査も進化した，自白がとりにくくなったということはない，と語った。

オックスフォードに移動した私たちは，テムズバレー警察でデントン刑事に会い，自信に満ちた模擬取調べを見ることができた(2章2節)。そして，分厚く詳細な取調べマニュアルを贈られた。マニュアルには「PEACEモデル」という手法が詳述されていた。「PEACEモデル」とは，周到な準備のもと，取調べにおいて，否認・自白を問わず，被疑者の供述を十分に明確にした上で，供述自体の矛盾や他の証拠と矛盾の有無を確認し，時として弾劾していく手法である。そこでは，捜査機関が証拠により想定した被疑事実も，被疑者の供述も，あくまで検証対象の仮説として取り扱われる。こうした手法は，「弾劾型取調べ」と名付けられるだろう。これに対して，日本の取調べは，往々にして，被疑者の否認供述には耳を貸さず，捜査機関が想定した「犯行ストーリー」に，被疑者の供述を合わせることに多大なエネルギーが費やされる。いわば「強要型取調べ」とでも呼ぶべきであろうか。

さて，警察の相手方ともいうべき弁護士側は，PACEによる被疑者取調べの録音義務導入をどう評価しているのだろうか。

ブリストルにある西イングランド大学エド・ケープ教授は，ソリシター出身である。彼は，警察署内の被疑者の取り扱い状況が変化した要因のひとつに，取調べ録音義務の導入を挙げた。そして，PACE以降の警察の取調べは，それ以前に比して大変短時間で終結し，自然な形で質疑応答がなされるようになったと語った。そして彼は，1993年に発表された『警察署における被疑者弁護』という本の中で，積極的刑事弁護を提唱した。実務規程Cには，その内容が追加条項として盛り込まれている(トピックス2参照)。積極的刑事弁護を推進する動きは，ソリシター協会(The Law Society)にも広がり，同協会では，立会における弁護人の役割について，研修や資格付与などの取り組みが継続されている。

私たちは，実際に刑事弁護を実践している公設事務所のソリシターであるギルモア氏にもインタビューをすることができた(3章2節)。彼は，取調べ立会における弁護人の役割として，情報収集・証拠開示，不適切な質問に対する介入・助言を挙げた。不適切な質問とはたとえば，証拠開示のないままの質問，憶測に基づく質問，関連性のない質問，重複質問などであり，弁護人はこのような場合に積極的に介入しなくてはならないと彼は語った。

要するに，警察側も，弁護側も，取調べ録音により，その技術を磨き始めたということである。

では，以上のような捜査実務に生じた変化は，公判実務にどのような影響を与えたのだろうか。私たちは，法廷に立つバリスターからも意見を聞いた(4章1節)。結論は明確だった。被疑者取調べの録音が実施されたとたん，公判廷における任意性をめぐる争いが突然に，そして全く，消滅したという。

その結果，公判廷の意味は変化した。すなわち，自白以外の証拠で有罪を認定できるかを争う場となったのである。

3　こうしたイギリスの刑事司法の大きな変革と比較して，日本はどうだろうか。

日本の取調べで作成されるのは，全く透明性のない，事後的・客観的に検証しえない密室で作成された一人称の独白スタイルの供述録取書である。この「調書」で事実認定をしてきた歴史は古い。

明治刑訴の時代に「訊問調書」という制約を潜脱するため，「物語」形式の「聴取書」(聞き取り書)が生まれた。この「訊問調書」が，現在の「物語」形式の供述録取書＝調書になっていると言われている。このように，日本の調書には，少なくとも100年の伝統がある。この伝統は，さらに江戸時代の「口書（くちがき)」制度(自白を書面化して捺印させる制度)から延々と続いているという見方もある。

大雑把に言えば，日本の「調書裁判」は，約300年の伝統があることになる。しかし，調書には本質的かつ致命的な欠陥がある。その構造上，調書作成過程には，作為や加工が極めて容易に入り込み，かつ調書の記載内容が，供述者が述べたとおりまたは供述者の意図する通りであるかどうかを判別することができないのである。

たとえば，公判廷で検察官が，調書に基づきながら，被告人に，「○月○日の取調べで，君は，これこれ，こう言ったね？」と質問することがある。その記載内容が，依頼者の主張と異なるのであれば（まさにそれが日常茶飯事），弁護人として，直ちに異議を申し立てるべきであろう。「そういう供述記載がなされていることは，そのとおりに言ったことを意味しない。検察官の質問は，誤導の可能性があり，少くとも不相当な尋問である」と。わが国で，この異議を受け容れる裁判官は必ずしも多くない。むしろ，多くの裁判官が，その問題点を理解しようともせず，異議を棄却しているのではないか。しかし，このような異議が棄却されるとき，私たちは，裁判官の調書作成過程に対する認識がどのようなものであるのかと，首をひねらずにはいられない。被告人の署名・押印さえあれば，それで足りると考えているのだろうか。刑事弁護に真剣に取り組んだことのある弁護人であれば，たとえ新人であったとしても，調書が取調官の作文でしかないことは，自明のことなのである。

4　イギリスでの調査から判明したのは，取調べの可視化は，本来捜査機関・訴追機関にとって捜査の効率化に役立つ制度であるということだ。

取調べの可視化は，取調べ過程，ひいては被疑者そのものの言動全体の，客観的かつリアルな証拠化でありうるし，新たな証拠方法の作出をも意味する。

また，可視化は真実主義にもなじむ反面，生の音声による供述がもつインパクトが誤った印象を与えるリスクもある。リスクは，ビデオ録画によって一層高められることになるだろう。その意味では，弁護人の立場から言えば，取調べ可視化は一面で「敵に塩を送る」提言でもある。

しかしながら，より公正・適正・正確であろうと志向することは，刑事裁判の使命である。そうである以上，可視化それ自体は，攻撃と防禦の双方にとって，ニュートラルな措置とみて，その導入を支持すべきである。ただし，私たちが強調したいのは，あくまでも「取調べ全過程」の可視化が不可欠だということである。そしてさらに，録音がないオフレコの取調べが実施された場合には，関連する取調べで得られた自白・不利益事実の承認の証拠能力を認めない厳格な運用がなされるべきである。

取調べ全過程が録音・録画されたとしても，無実であるにもかかわらず有罪であるかのような「印象」を与える場合があり得よう。これを防ぐのは，適切な弁護活動である。

すなわち，イギリスでの経験に鑑みても，取調べの可視化によって弁護士は必然的に，捜査段階で被疑者取調べに適切に対応できる，質の高い弁護活動をおこなうよう要求されるようになる。

5　序章で述べたように，司法改革の論議が続く現在，司法制度改革審議会の意見書は，被疑者取調べの適正化は，ひとまず現場の捜査機関による「取調べ状況報告書」とでもいうべき報告書作成の提言にとどまっている。

しかし，こうした運用改善論が提案されたからといって，立法レベルで，もう何もできないということはない。司法改革はひとつのシステムとして進められている。被疑者取調べを公判からながめたときに，あらたな変化が生まれる。迅速かつ適正な裁判員裁判実現の必要性は，その明確な契機となりうる。

この観点から見たとき，検察官手持ち証拠の迅速な開示と，被疑者取調べ過程の可視化は避けて通れない課題となる。ここから司法手続の力学構造は必ず変化する。

現に，2003 年に入り，従来被疑者取調べの可視化（録音・録画）について，これを支持することを明確に表明することのほとんどなかった裁判官サイドから，取調べ過程の録音を是認する提言がなされるに至った。法務省関係者がこれに反論する形で取調べ可視化批判が展開され，議論は活性化してきている。この問題が刑事司法改革の要に位置することが共通の認識になってきている。

21 世紀の刑事司法のあるべき形を問うとき，刑事手続全般にわたる「可視化の実現」は避けて通れない。

被疑者取調べの録音・録画，被疑者段階の公的弁護制度の導入による捜査過程全般のいわば可視化，証拠開示による検察官の公訴提起判断プロセスの可視化，裁判員制度導入による裁判所の事実認定プロセスの可視化，被害者による傍聴への便宜，被害者の裁判記録の閲覧謄写…そのいずれにも，すでに「可視化」の契機が潜んでいる。

被疑者・被告人，裁判員にとっても，被害者にとっても，そして広く刑事司法を囲む市民一般にとっても，「可視化された刑事手続」が求められている。この流れを変えることは，もはやできまい。

私たちは，取調べ可視化の実現を提言し，また運動もおこなってきた。しかし，可視化が実現すれば刑事司法がバラ色になるなどとは思っていない。「可視化」は，取調べ過程の適正化であり，まさに公正性担保の最小限度のセーフガードに留まる。しかし同時に，取調べ可視化は刑事司法の要の部分を改革する突破口でありうる。いち早い実現に向けた取り組みを強化しなければならない。

girl to satisfy your perverted cra

Sadistic Le 'must neve

By Dave Higgens and Ju-Lin Tan

A PARCEL delivery worker was last night beginning two life sentences for the kidnap and murder of 16-year-old Leanne Tiernan after he was told he could expect never to be released from prison.

Divorced father-of-two John Taylor was told by a judge he was a "dangerous sexual sadist" after hearing how the 46-year-old grabbed the teenager on an unlit path near her home in Bramley, Leeds, in November 2000.

Leeds Crown Court heard how Taylor strangled Leanne at his home nearby and dumped her body in woods up to nine months later. Police believe he could have kept the body in a fridge or freezer for some time before dumping it.

Last night detectives who investigated Leanne's murder said they could not rule out the possibility that he had committed other serious crimes over the past 20 years, including more murders.

Taylor, of Cockshott Drive, Bramley, Leeds, admitted murder yesterday in a courtroom packed with Leanne's family and friends.

He had admitted kidnapping her at a previous hearing.

When Mr Justice Astill told Taylor he would recommend he should never be released there were cheers and applause.

Outside the court, family and friends of the teenager hugged and wept.

The judge told Taylor: "You are a dangerous sexual sadist. Your purpose in kidnapping

Fantasies about other women

Police interview: Taylor is quizzed

Police footage: In the killer's home

監修者紹介

渡 辺　修　甲南大学法学部教授，法学博士

<**主な業績**>『捜査と防御』(1995年，三省堂)，『刑事手続の最前線』(編著，1996年，三省堂)，『刑事裁判と防御』(1998年，日本評論社)，『外国人と刑事手続』(共編著，1998年，成文堂)，『刑事法入門』(2000年，新世社)，『刑事法を考える』(共著，2002年，法律文化社) など。

山 田 直 子　一橋大学大学院法学研究科特別研修生，法学博士

<**主な業績**>「英国刑事手続における公判前証拠開示概観」日本弁護士連合会刑事弁護センター『目撃供述と人物識別パレードに関する調査報告書』(2000年)，「本庄保険金殺人事件事例報告」季刊刑事弁護33号(2003年)，「刑事司法における市民参加と被拘禁者のグローバル・スタンダード (講演翻訳)」刑事立法研究会『21世紀の刑事施設―グローバル・スタンダードと市民参加』(2003年，日本評論社) など。

編著者紹介

小坂井　久　弁護士 (大阪弁護士会)，大阪弁護士会刑事弁護委員会委員長，日本弁護士連合会可視化実現ワーキンググループ事務局長

<**主な業績**>『憲法的刑事手続』(共著，1997年，日本評論社)，『新接見交通権の現代的課題』(共著，2001年，日本評論社)，「取調べ可視化論の現在」(1995年～1998年，大阪弁護士会刑事弁護委員会・刑弁情報11号～14号，16号・17号)，「取調べ『不可視化』論の現在」季刊刑事弁護35号 (2003年) など。

秋 田 真 志　弁護士 (大阪弁護士会) 大阪弁護士会刑事弁護委員会副委員長，日本弁護士連合会可視化実現ワーキンググループ事務局次長

<**主な業績**>「検察官による警察官調書の引写し問題―浮かび上がったワープロ調書の弊害」季刊刑事弁護29号 (2002年)，「少女供述の信用性 (大阪地判2002・12・13)」季刊刑事弁護35号 (2003年)，「刑事証人尋問の研究―事例から反対尋問のテクニックを学ぶ」(共著) 日本弁護士連合会編『平成14年版現代法律実務の諸問題』(2003年，第一法規) など

取調べ可視化—密室への挑戦
—イギリスの取調べ録音・録画に学ぶ—

2004年1月10日　初　版第1刷発行

監修者　渡辺　修
　　　　山田直子
編著者　小坂井久
　　　　秋田真志
発行者　阿部耕一

〒162-0041　東京都新宿区早稲田鶴巻町514番地
発行所　株式会社　成文堂
電話 03(3203)9201(代)　Fax 03(3203)9206
http://www.seibundoh.co.jp

製版・印刷　三報社印刷　　製本・弘伸製本
☆乱丁・落丁本はお取替えいたします☆

Printed in Japan
ISBN 4-7923-1634-0　C 3032　　検印省略

定価（本体2,500円＋税）